GUY HOCQUENGHEM (1946–1988) war früh in kommunistischen und trotzkistischen Gruppen aktiv. Als Student beteiligte er sich an den Protesten im Mai 1968 und wurde 1971 Mitglied des neu gegründeten *Front homosexuel d'action révolutionnaire* (FHAR). Der Vertraute von Gilles Deleuze, Michel Foucault und René Schérer veröffentlichte mehr als zwanzig Werke, bis er 1988 an Aids starb.

LUKAS BETZLER, geboren 1989, promoviert gegenwärtig über die Literaturtheorie der älteren Kritischen Theorie an der Universität Lüneburg. **HAUKE BRANDING**, geboren 1988, forscht und veröffentlicht zu Klassentheorien, zur Geschichte der Schwulenbewegung und der Queer Theory.

GUY HOCQUENGHEM
DAS HOMOSEXUELLE BEGEHREN

HERAUSGEGEBEN UND MIT EINEM NACHWORT VERSEHEN VON
LUKAS BETZLER UND HAUKE BRANDING
AUS DEM FRANZÖSISCHEN ÜBERSETZT VON
LUKAS BETZLER UND HAUKE BRANDING
AUF BASIS DER ERSTÜBERSETZUNG
VON BURKHART KROEBER VON 1974

EDITION NAUTILUS

Zuerst erschienen 1972 unter
dem Titel *Le désir homosexuel*
bei Editions Universitaires
Paris; neu herausgegeben 2000
bei Librairie Artheme Fayard.
Auf deutsch zuerst erschienen
1974 unter dem Titel
Das homosexuelle Verlangen
bei Hanser.
© Librairie Artheme Fayard, 2000.

Edition Nautilus GmbH
Schützenstraße 49a
D-22761 Hamburg
www.edition-nautilus.de
Alle Rechte vorbehalten
© Edition Nautilus GmbH 2019
Erste Auflage September 2019
© Foto Seite 5:
Jean-Pierre REY /
Fond Photographique
Jean-Pierre REY
Umschlaggestaltung:
Maja Bechert
www.majabechert.de
Druck & Bindung:
CPI – Clausen & Bosse, Leck
ISBN 978-3-96054-208-7

Guy Hocquenghem, 1972

Inhalt

Einleitung 11

I. Die anti-homosexuelle Paranoia 17
Das Widernatürliche und das Gesetz: Die Natur und der Code Pénal 25 – Der Mythos des sittlichen Fortschritts 26 – Die Zunahme der anti-homosexuellen Paranoia 32 – Homosexualität und Kriminalität 34 – Homosexualität und Krankheit 37 – ›Latente‹ Homosexualität gegen ›offene‹ Homosexualität 41

II. Schändliche, Perverse, Verrückte 43
Perverser Polymorphismus, Bisexualität, unmenschliches Geschlecht 44 – Der Hass auf die Frau 48 – Die Ödipalisierung der Homosexualität 51 – Die Kastration, der Narzissmus 52 – Ödipus und der Homosexuelle 54 – Der homosexuelle Präsident 57 – Der Teufelskreis der Heilung 60 – Scham und Homosexualität 63

III. Familie, Kapitalismus, Anus 69
Der signifikante Phallus und der sublimierte Anus 72 – Homosexualität und Anus 75 – Homosexualität und Identitätsverlust 80 – Konkurrenzgesellschaft und Herrschaft des Phallus 83 – Ödipale Reproduktion und Homosexualität 87 – Die homosexuelle Gruppalisierung 92

IV. Homosexuelle ›Objektwahl‹ und homosexuelles ›Verhalten‹ 97
Die ›Objektwahl‹ 100 – ›Drittes Geschlecht‹ und Feminin-Maskulin 108 – Masochismus und Homosexualität 116 – Die Cruisingmaschine 121

V. Der homosexuelle Kampf 125
Die Revolution des Begehrens 126 – Wieso die Homosexualität? 132 – Die Falle des Perversen 139 – Gegen das pyramidale Prinzip 143

Schluss 147

Lukas Betzler und Hauke Branding
Guy Hocquenghems radikale Theorie des Begehrens – Nachwort zur Neuherausgabe 151
Die Leben des Guy Hocquenghem 154 – Rezeption und Vergessen 158 – Kritik der Linken, Kritik der Psychoanalyse 161 – Queer Theory *avant la lettre* 166 – Anziehungskraft und Aktualität 168 – Die Suche nach dem revolutionären Subjekt 170 – Negative Irritationen 178 – Was zu bewahren ist – eine radikalqueere *Gesellschaftskritik* 182 – Editorische Epilegomena 184

Literaturverzeichnis 189

Personenregister 197

*Für Gérard Grandmontagne,
der sich am 25. September 1972
im Gefängnis von Fresnes
das Leben genommen hat.*

Einleitung

Nicht das homosexuelle Begehren ist problematisch, sondern die Angst vor der Homosexualität; es gilt zu erklären, warum das bloße Wort bereits Fluchtbewegungen und Hassgefühle auslöst. Fragen wir uns also, wie man in der heterosexuellen Welt über die ›Homosexualität‹ zu reden und zu phantasieren pflegt. Die große Mehrheit der ›Homosexuellen‹ ist sich nicht einmal ihrer Existenz bewusst. Von Kindheit an wird das homosexuelle Begehren durch eine Reihe von Mechanismen in Familie und Erziehung gesellschaftlich eliminiert. Die Fähigkeit zu vergessen, die jene gesellschaftlichen Mechanismen angesichts des homosexuellen Triebes hervorbringen, ist groß genug, um jeden sagen zu lassen: Für mich existiert dieses Problem gar nicht.

Wir nehmen hier das zum Ausgangspunkt, was man gemeinhin ›männliche Homosexualität‹ nennt. Nicht dass die Unterscheidung der Geschlechter selbstverständlich wäre: Sie soll hier letztlich selbst in Frage gestellt werden. Doch die Organisation des Begehrens, der wir unterliegen, beruht auf der Herrschaft des Mannes, und so bezeichnet man mit dem Terminus ›Homosexualität‹ vor allem die ödipal-imaginäre Konstruktion der männlichen Homosexualität. Es wäre sinnlos, die weibliche Homosexualität erneut in jenen Begriffen zu behandeln, in denen die männliche Ideologie es für gewöhnlich tut.

Es gibt Ausdrucksformen des Begehrens, die wir alle schon verspürt haben, von denen wir jedoch in unserem Alltagsleben niemals sprechen. Darum können wir uns auch nicht damit begnügen, unsere Vorstellungen über unser eigenes Begehren heranzuziehen. Ein phantastischer gesellschaftlicher Mechanismus tilgt unaufhörlich die Spuren, die unser verdrängtes Begehren immer wieder hinterlässt. Um zu begreifen, welche Macht dieser Mechanismus besitzt, muss man sich bloß vor Augen halten, was mit einer so universell verbreiteten Erfahrung wie der Masturbation geschieht: Alle haben sich selbstbefriedigt, doch niemand spricht jemals darüber, nicht einmal in seinen engsten Beziehungen.

Homosexuelles Begehren: Dieser Begriff ist nicht selbstverständlich. Es gibt keine Unterscheidung des Begehrens in Homosexualität und Heterosexualität. In strengem Sinne gibt es nicht mehr homosexuelles Begehren, als es heterosexuelles Begehren gibt. Das Begehren tritt in vielfältiger Form hervor, deren einzelne Bestandteile *a posteriori* trennbar sind, entsprechend den Behandlungen, denen wir es unterziehen. Wie das heterosexuelle Begehren ist auch das homosexuelle Begehren eine willkürliche Unterteilung (*découpage*) innerhalb eines ununterbrochenen und vieldeutigen (*polyvoque*) Stromes. Die Charakterisierung des Begehrens als ausschließlich homosexuell ist in ihrer derzeitigen Form ein Trugbild des Imaginären (*leurre de l'imaginaire*). Da jedoch das Spiel der Bilder in der Homosexualität am deutlichsten zum Vorschein kommt, kann man die Arbeit der Dekonstruktion dieser Bilder hier, an ihrem empfindlichsten Punkt, beginnen. Wenn sich im Bild der Homosexualität auf komplexe Weise Begehren und Furcht miteinander verbinden, wenn die Beschwörung des homosexuellen Phantasmas obszöner und zugleich erregender als alles andere ist, wenn man als Homosexueller nirgendwo auftauchen kann, ohne dass die Familien sich aufregen und ihre Kinder beiseite nehmen, ohne dass sich eine Mischung aus Schrecken und Begehren breitmacht, so eben darum, weil für uns Angehörige westlicher Gesellschaften des 20. Jahrhunderts eine enge Beziehung zwischen Begehren und Homosexualität besteht. Homosexualität bringt etwas vom Begehren zum Ausdruck, das sonst verborgen bleibt – und dieses ›etwas‹ ist keineswegs bloß der mit einer Person gleichen Geschlechts vollzogene Geschlechtsakt.

Die Homosexualität sucht die ›normale Welt‹ heim. Dieser Feststellung konnte sich nicht einmal ein Alfred Adler entziehen: »Wie ein Gespenst, ein Schreckpopanz, erhebt sich die Frage der Homosexualität in der Gesellschaft. Aller Verdammnis zum Trotz scheint die Zahl der Perversen in Zunahme begriffen zu sein [...]. Die härtesten Strafen, die mildeste Beurteilung, versöhnliche Haltung, Verschweigung zuletzt, – alle Versuche bleiben ohne Einfluß auf die Verbreitung dieser Anomalie.«[1] – so beginnt seine Schrift *Das Problem der Homosexualität*. In ihrem unaufhörlichen Kampf gegen die Homosexualität stellt die Gesellschaft stets von Neuem fest, dass ihre Verurteilung eben jene Plage, die loszuwerden sie beabsichtigt, selbst reproduziert.

Und dies nicht ohne Grund: Die kapitalistische Gesellschaft erzeugt den Homosexuellen, wie sie den Proletarier produziert, wodurch sie ständig ihre eigenen Schranken hervorbringt. Die Homosexualität ist ein Erzeugnis der normalen Welt; wir verstehen diesen Satz jedoch selbstredend nicht im Sinne eines gewissen Liberalismus, der zur Entschuldigung der Homosexuellen erklärt, dass die Gesellschaft schuldig sei – eine pseudo-progressive Haltung, die für den Homosexuellen noch gnadenloser ist als die offene Repression. Niemand wird jemals die Vieldeutigkeit (*polyvocité*) des Begehrens beseitigen. Was aber erzeugt wird, ist jene psychopolizeiliche Kategorie der Homosexualität, jene abstrakte Unterteilung des Begehrens, die auch noch über den zu bestimmen erlaubt, der sich ihr entzieht, jene gesetzliche Erfassung dessen, was jenseits des Gesetzes ist. Die Kategorie – und sogar das Wort selbst – sind eine relativ neue Erfindung. Der wachsende Imperialismus einer Gesellschaft, die auch dem nicht Klassifizierbaren einen gesellschaftlichen Status zuweisen will, hat diese Partikularisierung des Ungleichgewichts geschaffen: Bis zum Ende des 18. Jahrhunderts wurden die Gottesleugner, diejenigen, die nicht sprechen konnten, und die ›Sodomiten‹ in ein und dasselbe Ge-

1 Adler, Das Problem, S. 23.

fängnis geworfen. So wie das Aufkommen der Psychiatrie und des Irrenhauses bezeugt, welche Fähigkeit die Gesellschaft bei der Erfindung spezifischer Mittel zur Klassifizierung des nicht Klassifizierbaren entwickelt[2], so erschafft das moderne Denken eine neue Krankheit: die Homosexualität. Laut Havelock Ellis soll das Wort ›homosexuell‹ 1869 von einem deutschen Arzt erfunden worden sein.[3] Das pseudowissenschaftliche Denken der Psychiatrie hat, indem es zum Zwecke besserer Beherrschung Unterteilungen vornahm, die barbarische Intoleranz in zivilisierte Intoleranz verwandelt.

Damit kennzeichnete sie das, was am Rande steht, doch indem sie das tat, rückte sie es ins Zentrum. Lehrreich ist hier das erstaunliche Unternehmen Alfred Kinseys: Er setzte lediglich die Einschließungsbemühungen der modernen Psychiatrie fort, indem er ihnen die materiellen, soziologischen und statistischen Grundlagen verschaffte: In einer Welt, die von Zahlen lebt, hat er gezeigt, dass man die Homosexuellen auf einen Anteil von vier oder fünf Prozent eingrenzen kann. Und es waren nicht diese wenigen Millionen, die den Entrüstungssturm bei der Veröffentlichung des Kinsey-Reports ausgelöst haben, sondern die folgende Entdeckung, die wissenschaftliche Einfalt nicht zu verheimlichen wusste: »Da nur 50 Prozent der Bevölkerung als Erwachsene ausschließlich heterosexuell sind und nur 4 Prozent der Bevölkerung während ihres gesamten Lebens ausschließlich homosexuell sind, scheint es, daß sich fast die Hälfte der Bevölkerung als Erwachsene (46 Prozent) sowohl heterosexuell als auch homosexuell betätigt oder auf Personen beiderlei Geschlechts reagiert.«[4]

Es geht also nicht mehr bloß um die kleine ›Tunte‹, die jeder kennt, sondern um jede zweite Person – um Ihren Nachbarn

---

2 Vgl. Foucault, Wahnsinn und Gesellschaft.
3 Vgl. Ellis, Sexual Inversion.
4 Kinsey, Das sexuelle Verhalten des Mannes, S. 605. Diese 1948 veröffentlichte und als *Kinsey Report* bekannt gewordene Studie stellte das männliche Sexualverhalten erstmals auf Grundlage groß angelegter statistischer Erhebungen dar (Anm. d. Hrsg.).

oder, warum nicht, um Ihren Sohn. Und der naive Kinsey schreibt: »Die Welt läßt sich nicht in schwarze und weiße Schafe aufteilen; denn nicht alle Dinge sind schwarz oder weiß. Es ist ein Grundsatz der Taxonomie, daß die Natur selten getrennte Kategorien aufweist. Nur der menschliche Geist führt Kategorien ein und versucht, die Tatsachen in bestimmte Fächer einzuordnen. Die lebende Welt ist in allen ihren Aspekten eine Kontinuität.«[5] Immer genauere Unterscheidungen will man treffen und trifft dabei auf das Ununterscheidbare. Waren tatsächlich so viele Fragebögen und Befragungen nötig, um am Ende herauszufinden, dass jeder mehr oder weniger homosexuell ist? Freilich, man wird die Rechte der quantitativen Normalität mit der berühmten Kinsey-Skala wiederherstellen, jener Skala, die die Individuen nach dem Grad ihrer homosexuellen Praxis durchnummeriert und dabei den Prozentsatz auf das Niveau der in jedem Menschen vorhandenen Quantität homosexuellen Begehrens hinabdrückt.

So ist die normale Sexualität von allen Seiten umstellt, und in unaufhörlicher Bewegung wird sie von ihren Rändern her unterspült. Alle Bemühungen um Isolierung, Erklärung, Eindämmung des pestkranken Päderasten[6] enden damit, dass sie ihn in den Mittelpunkt der Wachträume rücken. Hierin ist Jean-Paul Sartre recht zu geben, wie immer man auch sonst sein psychologisches Portrait Jean Genets kritisieren mag: Warum lässt die Gesellschaft immer nur die Psychiater zu Wort kommen, niemals aber die Homosexuellen – es sei denn in der traurigen Litanei der klinischen ›Fälle‹? »Für uns ist allerdings wichtig, daß man uns bloß nicht die Stimme des Schuldigen selbst hören läßt, diese sinnliche und erregende Stimme, die

---

[5] Ebd., S. 594.
[6] Der Begriff *pédéraste* meint im Französischen im Allgemeinen einen männlichen Homosexuellen und impliziert, anders als die Bezeichnung ›Päderast‹ im Deutschen, nicht (notwendigerweise) ein auf männliche *Jugendliche* gerichtetes Sexualempfinden. Die im Französischen gängige abwertende Bezeichnung *pédé* für ›Schwuler‹ oder ›schwul‹ sowie der Verlan-Begriff *race d'ep*, nach dem ein Essayfilm von Hocquenghem und dem Filmemacher Lionel Soukaz betitelt ist, leiten sich aus diesem Wort ab (Anm. d. Hrsg.).

junge Leute verführt, diese atemlose Stimme, die während der Lust murmelt, diese vulgäre Stimme, die eine Liebesnacht wiedergibt. Der Päderast muß ein Objekt bleiben, Blume, Insekt, Bewohner des antiken Sodom oder des fernen Uranus, ein Automat, der im Rampenlicht herumhopst; alles, was man will, nur nicht mein Nächster, nur nicht mein Bild, nur nicht ich selbst. Denn man muß schon wählen: wenn jeder Mensch der ganze Mensch ist, muß dieser Abweichler entweder nur ein Kieselstein oder ich sein.«[7] Aus der Unterscheidung erwächst die Sicherheit, doch aus eben diesem Wort *pédéraste* erwächst etwas merkwürdig Verführerisches: *pédérasque*, wie das Ungeheuer *Tarasque*, oder *pédérastre*, wie *Zoroastre* (Zarathustra). Dergleichen gängige Fehler, gefunden in Leserbriefen an Zeitungen, sagen genug über das aus, was geschieht, wenn man dieses Wort ausspricht. Nebenbei sei auf den außerordentlich reichen Wortschatz zur Bezeichnung des männlichen Homosexuellen hingewiesen: Tante (*tante*), Tunte (*tantouze*), Schwuchtel (*pédé*) (egal ob als Maskulinum oder Femininum) usw. – alles sieht so aus, als mühte sich die Sprache ab, das Unsagbare einzugrenzen und zu benennen.

Wenn also immer wieder betont wird, dass es keinerlei Unterschied zwischen den Homosexuellen und den Heterosexuellen gebe, dass die einen wie die andern sich in Reiche und Arme, Männchen (*mâles*) und Weibchen (*femelles*), Gute und Böse aufteilten, dann gerade deswegen, weil zwischen den Homosexuellen und den Heterosexuellen eine Distanz besteht, weil alle Bemühungen um eine Eingliederung der Homosexualität in das normale Leben immer wieder enttäuscht werden, weil sich bei jeder Gelegenheit ein unüberbrückbarer Abgrund auftut. Die Homosexualität existiert nicht und existiert doch: Was die Gewissheit ihrer Existenz in Frage stellt, ist die Art und Weise, in der sie existiert.

---

7 Sartre, Saint-Genet, S. 910.

I. Die anti-homosexuelle Paranoia

Die Herausbildung der Homosexualität als gesonderter Kategorie geht eng einher mit ihrer Unterdrückung. Es ist also kaum verwunderlich, wenn man entdeckt, dass die anti-homosexuelle Unterdrückung selbst ein gestörter Ausdruck des homosexuellen Begehrens ist. Die Haltung dessen, was man gemeinhin ›die Gesellschaft‹ nennt, ist aus dieser Perspektive gesehen paranoisch: Sie leidet unter einem Deutungswahn, der sie dazu bringt, überall Indizien für eine homosexuelle Verschwörung gegen ihr gutes Funktionieren finden zu müssen. Martin Hoffman, ein gewissenhafter und phantasieloser Soziologe, hat die Existenz einer solchen Paranoia selbst zugegeben.[8] Ein Film wie *Jagdszenen aus Niederbayern*[9] verdeutlicht sehr gut, wozu der paranoische Deutungswahn eines bayerischen Dorfes führen kann angesichts eines Mannes, auf den sich die homosexuelle Libido sämtlicher Dorfbewohner konzentriert: Die Jagd, mit der der Film endet, verstößt den Repräsentanten des Begehrens aus allen Bindungen an die Gemeinschaft. Der Auftritt eines erkennbaren oder eingestandenen Homosexuellen löst bei den Anwesenden sofort eine panische und irrationale Angst vor Vergewaltigung aus. Der Austausch zwischen einem ›Schwulen‹ und jemandem, der sich für normal hält, erwächst aus jener Spannung, die im ›Normalen‹ sofort die Frage aufkommen lässt: Begehrt er mich etwa? – als ob der Homosexuelle sein Objekt niemals auswählte, als ob ihm jedes Individuum männlichen Geschlechts recht wäre. Spontane Sexualisierung bestimmt jede Beziehung zu einem Homosexuellen.

8 Vgl. Hoffman, Die Welt der Homosexuellen.
9 Film von Peter Fleischmann (1968) nach dem gleichnamigen Theaterstück von Martin Sperr (Anm. d. Hrsg.).

Die Psychiatrie nimmt im Allgemeinen an, dass eine enge Verbindung zwischen Homosexualität und Paranoia besteht. Doch meistens gibt sie ihr die folgende Form: Der Homosexuelle leidet häufig unter einem Verfolgungswahn, er ›fühlt sich bedroht‹. Dies ist eines seiner wichtigsten klinischen Merkmale. Homosexualität fällt unter die Kompetenz des Arztes, und was der Homosexuelle sagt, ist nur in der Projektion auf den psychiatrischen Bildschirm von Interesse und von Wert. Denn eine Umkehrung der Perspektive schreibt den aus der Situation entstandenen paranoischen Diskurs dem Individuum zu. In anderen Worten: *Fühlt* sich der Homosexuelle bedroht, oder ist er es tatsächlich? Der gesellschaftliche Diskurs über Homosexualität, den der Homosexuelle verinnerlicht hat, ist das Ergebnis jener Paranoia, durch die ein vorherrschender Sexualitätsmodus – nämlich die reproduktive familiale Heterosexualität – seine Angst vor stets erneut hervortretenden Formen der eliminierten Sexualitätsmodi zum Ausdruck bringt. Die Diskurse der Ärzte, Richter, Journalisten, Erzieher sind Ausdruck des unaufhörlichen Bemühens, die homosexuelle Libido zu verdrängen.

Der berühmte ›Verfolgungswahn‹ ist in Wahrheit tatsächlich eine paranoische Verfolgungssucht. Sehr lehrreich ist hier die Umkehrung, die dem Freudianismus widerfahren ist. Freud hat erklärt, dass die Paranoia im Allgemeinen auf eine Verdrängung der homosexuellen Libidoanteile zurückgeht. Die Furcht vor der eigenen Homosexualität verleitet den Mann zu der paranoischen Angst, dass sie in seiner Umgebung auftauchen könnte. In diesem Sinne hat Freud den *Fall Schreber* analysiert: »Wir würden sagen, der paranoische Charakter liegt darin, daß zur Abwehr einer homosexuellen Wunschphantasie gerade mit einem Verfolgungswahn von solcher Art reagiert wird. Um so bedeutungsvoller ist es, wenn wir durch die Erfahrung gemahnt werden, gerade der homosexuellen Wunschphantasie eine innigere, vielleicht eine konstante Beziehung zur Krankheitsform zuzusprechen.«[10] Und etwas weiter unten:

10 Freud, Psychoanalytische Bemerkungen, S. 295.

»[...] wir sahen mit Überraschung, wie deutlich in all diesen Fällen die Abwehr des homosexuellen Wunsches im Mittelpunkte des Krankheitskonfliktes zu erkennen war, wie sie alle an der Bewältigung ihrer unbewußt verstärkten Homosexualität gescheitert waren.«[11] Aus dem unvermeidlichen Versagen des Versuches, die homosexuellen Anteile verschwinden zu lassen, entsteht die Paranoia. Diese Hypothese erschien Freud selbst skandalös genug, um sich gegenüber der ganzen Gesellschaft für sie zu entschuldigen: »Ist es nicht eine unverantwortliche Leichtfertigkeit, Indiskretion und Verleumdung, einen ethisch so hochstehenden Mann wie den Senatspräsidenten a.D. Schreber der Homosexualität zu bezichtigen?«[12] Freud weiß genau, welches Geheimnis er hier gelüftet hat: »Ich mache vor einer Flut von Anwürfen und Einwendungen einen Augenblick halt. Wer die heutige Psychiatrie kennt, darf sich auf Arges gefaßt machen.«[13] Und wenn man nun den ödipalen Rahmen verlässt, in welchen Freud seine Erfindung sofort eingeschlossen hat, so erkennt man deutlich, dass die wesentliche Entdeckung Freuds nicht das Verhältnis Schrebers zu seinem Vater ist, sondern der Umstand, dass ein Mann mit einer so klar zugewiesenen gesellschaftlichen Position wie ein Richter homosexuell sein *kann*, es aber nicht sein *dürfte*. Man stelle sich einen Prozess vor, in welchem der Richter Schreber über einen gewöhnlichen Fall von Verführung Minderjähriger oder von Erregung öffentlichen Ärgernisses zu entscheiden hätte. Der Fall Schreber markiert die äußerste Grenze dessen, was sich eine Gesellschaft erlauben kann; es ist wohl beispiellos, wie hier eine hochgestellte Persönlichkeit dermaßen offen ihre homosexuellen Phantasmen hinausgeschrien hat (man bedenke, dass Schreber seine *Denkwürdigkeiten eines Nervenkranken*[14] zu Lebzeiten

---

11 Ebd., S. 295f.
12 Ebd., S. 278.
13 Ebd.
14 Der lange vergriffene Text wurde 2003 im Berliner Kadmos-Verlag wieder aufgelegt. Vgl. Schreber, Denkwürdigkeiten eines Nervenkranken (Anm. d. Hrsg.).

veröffentlichen ließ), ohne dafür in einem Irrenhaus zu landen: Schließlich hat man dem Präsidenten Schreber gestattet, sich weiterhin seines Besitzes und seiner Ämter zu erfreuen.[15] Schreber offenbart die Kraft einer Gesellschaft, die es sich in Ausnahmefällen leisten kann, die psychische Realität ihrer führenden Persönlichkeiten klar zu erkennen. Schreber war ein bewusster Paranoiker, da er selbst den Inhalt seiner Phantasmen mit höchster Klarheit geäußert hat.

Die Entdeckung des engen Zusammenhanges zwischen Homosexualität und Paranoia teilt sich Freud mit Ferenczi. In einem Artikel aus dem Jahre 1911 (*Über die Rolle der Homosexualität in der Pathogenese der Paranoia*) stellt Ferenczi fest, dass der Antrieb der Paranoia in der Verwandlung des Liebesgefühls zur Empfindung seines Gegenteils liegt – aus Interesse wird Verfolgung. Und er präzisiert: »Es stellte sich nämlich heraus, daß der paranoische Mechanismus nicht zur Abwehr aller möglichen Libidobesetzungen in Gang gesetzt wird, sondern nach den bisherigen Beobachtungen nur gegen die *homosexuelle Objektwahl* gerichtet ist.«[16] Ferenczi kommt zu der Schlussfolgerung, »daß die Homosexualität in der Pathogenese der Paranoia nicht eine zufällige, sondern die *bedeutsamste* Rolle spielt und daß die Paranoia vielleicht überhaupt nichts anderes ist als entstellte Homosexualität«.[17] Die Paranoia kommt nur angesichts der Homosexualität zum Ausdruck: Eine derartige Behauptung stellt den Status der Heterosexualität als der einzigen normalen Sexualbeziehung in Frage. Der dritte Fall, den Ferenczi in seinem Artikel untersucht, ist der eines Stadtsyndikus (also wiederum einer offiziellen Persönlichkeit der Gesellschaft, freilich auf niedrigerer Ebene und ohne die Fähigkeit zur klaren Erkenntnis der eigenen Phantasmen): Dieser Mann denunzierte in Briefen, dass ein Offizier, der ihm gegenüber wohnte, »sich am Fenster teils im Hemd, teils mit

---

[15] Vgl. dazu auch die Bemerkungen von Deleuze und Guattari im *Anti-Ödipus* (v. a. S. 15–22).
[16] Ferenczi, Pathogenese der Paranoia, S. 74, Herv. G.H.
[17] Ebd., Herv. G.H.

nacktem Oberkörper rasiert«.[18] Als Gegenstand des Skandals erwähnte er immer wieder die Unterhosen jenes Offiziers. Wen erinnert Ferenczis Beschreibung nicht an jenen Mechanismus, mit dem die Justiz vorzugehen pflegt, wenn sie eine Sittenaffäre zu untersuchen hat? »Schon daß er mir eine Menge Zeitungsausschnitte, Aktenkopien, Flugschriften, die er alle selbst verfaßt hatte, in so musterhafter Ordnung, nummeriert, sortiert, überreichte, war mir verdächtig. Ein Blick in die Schriften überzeugte mich, daß er ein Paranoiker der Verfolgung sei.«[19] Der Kranke besaß zudem noch eine eigene Zeitung, in der er seine Denunziationen vervielfältigte. Und dennoch ist der ehrenwerte Ferenczi seinem Verdacht gegenüber der anti-homosexuellen Justizmaschine, deren Vorgehensweise der Kranke ja nur im Kleinen nachgeahmt hatte, niemals weiter nachgegangen. Dabei erklärte er, der Wahn sei herzuleiten aus der »Projizierung seines [des Kranken] eigenen homosexuellen Gefallens mit negativem Vorzeichen auf jene Personen. Seine aus dem Ich ausgestoßene Begierde kehrt als Wahrnehmung der Verfolgungstendenz seitens der Objekte seines unbewußten Gefallens ins Bewußtsein wieder. Er sucht so lange, bis er sich überzeugt hat, daß man ihn haßt. Nun kann er in Form des Hasses seine eigene Homosexualität ausleben und zugleich vor sich selbst verstecken.«[20] In seinem erbitterten Kampf gegen die Ausschweifungen der Militärbehörden unterstellt ihnen der Kranke, ihn als »eine alte Frau« zu betrachten, »die gar nichts anderes zu tun habe, als Objekte ihrer Neugierde zu entdecken«.[21] Auch Schreber hielt sich für eine Frau, wenngleich auch nicht unbedingt für eine alte, deren Attraktivität bereits geschwunden ist. Seine Paranoia nährte sich nicht von unwirksamen Denunziationen, da er als Gerichtspräsident über alle notwendigen Mittel verfügte, sich eine Begehrens- und Unterdrückungsmaschine zu konstruieren.

18 Ebd., S. 83.
19 Ebd.
20 Ebd., S. 86.
21 Ebd., S. 84.

Freud und Ferenczi betonen immer wieder: »Die ungenügend verdrängte Homosexualität kann später unter Umständen wieder manifest werden, [...] besonders bei der Paranoia, [...] [die] eigentlich als eine entstellte Manifestation der Neigung zum eigenen Geschlecht aufzufassen ist.«[22] Auf dem ›ungenügend‹ Verdrängten entscheidet sich das Schicksal der Psychiatrie und der Gesellschaft. Es entscheidet sich sogar so trefflich, dass die einzige Verwendung der homosexuellen Libido-Komponente gemeinhin im gesellschaftlichen Leben liegt – und zwar in sublimierter Form: »[N]ur ein kleinerer Teil dieser Komponente wird auch in das Kulturleben des Erwachsenen in sublimierter Form hinübergerettet und spielt in der sozialen Hilfsbereitschaft, in Freundschaftsbünden, im Vereinsleben usw. eine nicht zu unterschätzende Rolle.«[23] Auch für Freud ist der Umstand, dass Schrebers Homosexualität in paranoischer Form auftritt, gewissermaßen aus einem fehlerhaften Funktionieren der gesellschaftlichen Verdrängungsmaschine (*machine sociale refoulante*) herzuleiten:

»[Diese Personen] sind der Gefahr ausgesetzt, daß eine Hochflut von Libido, die keinen anderen Ablauf findet, ihre sozialen Triebe der Sexualisierung unterzieht und somit ihre in der Entwicklung gewonnenen Sublimierungen rückgängig macht.«[24] Demnach kann die homosexuelle Libido also nur dann genutzt werden, wenn sie für den Gesellschaftskörper sublimiert worden ist. »Nach der Erreichung der heterosexuellen Objektwahl werden die homosexuellen Strebungen nicht etwa aufgehoben oder eingestellt, sondern bloß vom Sexualziel abgedrängt und neuen Verwendungen zugeführt. Sie [...] stellen so den Beitrag der Erotik zur Freundschaft, Kameradschaft, zum Gemeinsinn und zur allgemeinen Menschenliebe dar.«[25]

---

[22] Ferenczi, Zur Nosologie der männlichen Homosexualität, S. 184.
[23] Ebd.
[24] Freud, Psychoanalytische Bemerkungen, S. 298. Freud bezieht diese Beschreibung konkret auf »Personen, welche nicht völlig vom Stadium des Narzißmus losgekommen sind« (Anm. d. Hrsg.).
[25] Ebd., S. 297.

Die Analyse des Falles Schreber stellt die Paranoiker als Personen dar, die »sich einer solchen Sexualisierung ihrer sozialen Triebbesetzungen zu erwehren suchen«.[26] Denselben Gedanken hat Freud im Jahre 1922 nochmals aufgegriffen, als er seinen Artikel *Über einige neurotische Mechanismen bei Eifersucht, Paranoia und Homosexualität* mit den Worten beschloss: »In der psychoanalytischen Betrachtung sind wir gewöhnt, die sozialen Gefühle als Sublimierungen homosexueller Objekteinstellungen aufzufassen.«[27] Folglich ist es die Gesellschaft in ihrer Gesamtheit, die sich auf paranoische Weise gegen die Sexualisierung ihrer Besetzungen (z.B. eines homosexuellen Gerichtspräsidenten) wehrt und mit aller verfügbaren Kraft gegen die homosexuelle Entsublimierung kämpft. Unverblümt bringt das André Morali-Daninos in seinem populärwissenschaftlichen Werk *Sociologie des relations sexuelles* zum Ausdruck, wenn er schreibt: »Würde die Homosexualität, sei es auch nur in der Theorie, einen Schein von Anerkennung finden, würde man ihr erlauben, und sei es auch nur zum Teil, aus dem Rahmen der Pathologie auszubrechen, so käme man schnell zur Abschaffung des heterosexuellen Paares und der Familie, also der Grundlage der westlichen Gesellschaft, in der wir leben.«[28]

Die Homosexualität hat im Rahmen der Nosologie, der Pathologie, des neurotischen Mechanismus, der Pathogenese usw. zu verbleiben. Es gibt kein sprachliches Gebilde, das schreckenerregend genug ist, um sie in ihrer Gesamtheit zu bezeichnen – was die wenigen hier angeführten Titel zur Genüge beweisen. Wie nachdrücklich Freud in den *Drei Abhandlungen zur Sexualtheorie* auch betonte, dass die Neurose als Kehrseite der Perversion zu begreifen sei, die gesamte Psychiatrie antwortet pausenlos: Homosexuelle sind Neurotiker und Paranoiker. Wilhelm Stekel dreht in *Onanie und Homosexualität* das Vorzeichen dieser Verbindung bereits um. Und 1965 veröffentlicht die *Revue française de psychanalyse* die Beiträge einer

---

26 Ebd., S. 298.
27 Freud, Über einige neurotische Mechanismen, S. 207.
28 Morali-Daninos, Sociologie des relations sexuelles, S. 47f.

Konferenz über Homosexualität, auf der William H. Gillespie die Behauptung Herbert Rosenfelds über die Beziehungen zwischen Homosexualität und Paranoia aufgreift, wonach »die Homosexualität einer der häufigsten Abwehrmechanismen gegen paranoide Angst ist«.[29]

Und etwas weiter im gleichen Text: »Desgleichen insistiert Thorner auf der Verfolgungsangst als ätiologischem Faktor der männlichen Homosexualität: Der Patient externalisiert seine inneren Verfolger und projiziert seine Angst auf sie in der Rolle des Sexualpartners.«[30] So gelangt man schließlich durch unverschämteste Umkehrung des Freud'schen Modells an einen Punkt, wo plötzlich die Paranoia zur Ursache der Homosexualität wird. 1966 veröffentlicht dann Dr. Marcel Eck sein Buch *Sodome*, das die Medikalisierung und Psychiatrisierung der Homosexualität wieder aufnimmt.[31] Wie tief die Freud'sche Entdeckung auch in die Psychiatrie eingedrungen sein mag, man hat doch den Eindruck, dass man sich, je weiter man fortschreitet, immer weiter von dem entfernt, was Freud ans Licht gebracht hatte. Ein neuer Schreber würde heute noch heftigeren Aufruhr auslösen als zu Zeiten Freuds. Die Gesellschaft und ihr medizinischer Ausdruck leiden unter Verfolgungswahn. Die Homosexualität, die sie verdrängen oder sublimieren, tritt aus allen Poren des Gesellschaftskörpers wieder hervor. Sie wühlen mit umso größerer Gewalt im Privatleben der Individuen herum, je genauer sie wissen, dass das, was dort geschieht, sie verrät und durch die Maschen der Gerichte schlüpft. Sie vervielfachen die Zwangsmaßnahmen einer Unterdrückung, die sich als so ineffizient erweist, dass sie sich an das von ihr verfolgte Begehren gefesselt fühlt.

---

29 Gillespie, Homosexualité, S. 334.
30 Ebd.
31 Vgl. Eck, Sodome.

Das Widernatürliche und das Gesetz:
Die Natur und der Code Pénal

Das Gericht ist ein hochgradig homosexueller libidinöser Ort: Man betrachte die Beschreibung des Prozesses von *Notre-Dame-des-Fleurs* in Genets Roman. Zwischen dem Justiz- und Polizeisystem und der Homosexualität besteht eine invertierte Libido-Beziehung, wie wir bereits bezüglich Schrebers und des von Ferenczi analysierten Falles bemerkt haben. Die Psychiatrie vertritt mit Vorliebe die Auffassung, dass der Homosexuelle direkt auf seine Verurteilung zusteuert, sie will darin das Kennzeichen für seinen Masochismus entdecken. Wir sehen deutlich, wie eine derartige Haltung von einer Libido-Beziehung zeugt, indem sie sie der psychologischen Person des Homosexuellen auflastet.

Es ist nicht von ungefähr, dass das französische Strafgesetzbuch seit dem Zweiten Weltkrieg (und nicht schon vorher!) für die Homosexualität die Bezeichnung ›Verbrechen wider die Natur‹ bereithält – und zwar nur für sie allein. Es handelt sich hier um eine Regression paranoischer Art: Bekanntlich beruht das individualisierte und rationalisierte Recht, das wir von der bürgerlichen Revolution und dem *Empire* geerbt haben, nicht mehr auf theologischen Begriffen wie dem der ›Natur‹. Wenn der *Code Pénal* hier bis zum Obskurantismus regrediert, so eben deswegen, weil es angesichts der Homosexualität der Gewissheit eines allgemeingültigen Garanten der heterosexuellen Normalität bedarf. »Akt wider die Natur mit einem Individuum des gleichen Geschlechts«: Kein Zweifel ist mehr erlaubt, der homosexuelle Akt als solcher ist widernatürlich. Es gibt natürliche Handlungen und solche, die es nicht sind. »Man muss immer darauf hinweisen, dass die Homosexualität eine Verirrung ist, genau wie alle anderen sexuellen Neigungen, […] die sich vom normalen Weg der in sich biologischen Sexualität entfernen«[32], schrieb der Abbé Marc Oraison zu einer Zeit, als die

---

32 Die Quelle dieses Zitats konnte nicht rekonstruiert werden. Sinngemäß

Kirche noch nicht den Versuch eines *Aggiornamento* in Sachen Sexualität unternommen hatte (derselbe Abbé Oraison, der dann im Mai 1972 in *Le Monde* schreibt, dass Homosexualität auf ihre Weise die Liebe bezeugt).[33]

Man hätte nicht erwartet, dass die moderne Gesetzgebung eben jene Verdammungskategorien wieder aufgreift, die Paulus gegen die Homosexualität anwandte.[34] Die Natur spielt hier die paranoische Rolle der obersten Aussonderungsinstanz: Der Terminus *antiphysique*, den die Polizei im 19. Jahrhundert zur Bezeichnung der Homosexuellen benutzte, findet hierin seinen Sinn: Er bezeichnet jemanden, der gegen die das Begehren und seine Unterdrückung sanktionierende Natur ist. Und wenn André Gide in *Corydon* den Versuch macht, durch Vergleiche mit anderen Spezies eine biologisch begründete Homosexualität zu konstruieren, geht auch er nur in jene unsinnige Falle, in der ihn die Notwendigkeit, die Formen des Begehrens in der Natur zu begründen, gefangen hält.

Der Mythos des sittlichen Fortschritts

Es gibt einen tief in der heutigen Gesellschaft verwurzelten Mythos: den eines Fortschritts im Sinne der bürgerlichen Ideologie, eines ununterbrochenen Vorwärtsschreitens hin zur Liberalisierung der Sitten und zur Achtung der Individuen. So hört man häufig jene beiden widersprüchlichen Gedanken in einem Satz: ›Das ist zwar widernatürlich, aber niemand hindert Sie

---

findet sich diese Position aber immer wieder bei Oraison – bspw. in seinem 1951 veröffentlichten *Vie Chrétienne et Problèmes de la Sexualité*. Von der Homosexualität als einer ›Verirrung‹ (*aberration*) spricht er auch deutlich später noch in einem Interview mit dem *Nouvel Observateur* (Nr. 226 vom 10. März 1969, S. 46) (Anm. d. Hrsg).

33 Der Artikel erschien nicht im Mai, sondern im April 1972 (Anm. d. Hrsg.). Vgl. Oraison, La Pastorale des homophiles, o.S.

34 Vgl. Römerbrief 1, 27: »Gleichermaßen verließen die Männer den natürlichen Verkehr mit der Frau und entbrannten gegeneinander in ihrer Begierde, sodaß Männer mit Männern Schande trieben.«

daran.‹ Eine Gesellschaft, die beständig ihre Perfektibilität verkündet und betont, dass jede Art von Bruch oder Infragestellung überflüssig sei, braucht diesen Glauben.

Die populäre Ideologie zur Frage der Unterdrückung der Homosexualität lebt von drei Mythen, die das paranoische Verhalten der Justiz maskieren:

- ›Niemand hindert Sie daran‹: Man glaubt im Allgemeinen, dass es keinerlei rechtliche Unterdrückung der Homosexualität gäbe, dass das Privatleben eines jeden nur seine eigene Sache sei. Doch die rechtliche Unterdrückung existiert sehr wohl, sie ist sogar massiv. Die Zeitung *Le Monde* vom 18. April 1972 nennt die Zahlen, die das Pariser Polizeipräsidium für *drei Monate* des laufenden Jahres angegeben hat: »Was die Homosexuellen betrifft, so wurden 492 Verhaftungen im Bois de Boulogne und 18 im Bois de Vincennes vorgenommen. [...] Die Kontrolle von 39 Schankstellen erlaubte die Verhaftung von 49 Transvestiten«.[35] Niemand sollte ignorieren, dass die homosexuellen Nachtklubs in Paris zum Teil mehrmals wöchentlich mit wechselnden Vorwänden Polizeirazzien über sich ergehen lassen müssen. 1964 wurden 331 Personen wegen Akten wider die Natur verurteilt, 1966 waren es 424. Die Zahlen dürften für die folgenden Jahre wahrscheinlich noch steigen. Diese statistischen Angaben stammen aus dem Justizministerium, das sämtliche Verurteilungen wegen Homosexualität unter ein und derselben Rubrik aufführt.

- Zum anderen ist es tief in der populären Ideologie verankert, dass die Homosexualität, mithin auch ihre Unterdrückung, ein typisches Phänomen der herrschenden Klassen sei und mit der bürgerlichen Degeneration zusammenhänge. Doch aus der Statistik des Justizministeriums geht hervor, dass von den rund 1200 Verurteilten der drei Jahre 1964–1966 mehr als 300 Arbeiter (Hilfs- und Facharbeiter), 160 Handwerker und 80 kleine Büroangestellte waren. Selbstverständlich werden Arbeiter

---

35 Ohne Autor*in, En trois mois, plus de douze mille interpellations pour prostitution, o.S.

leichter verurteilt als leitende Angestellte oder Intellektuelle, doch ist nicht zu übersehen, dass die unterdrückten Klassen hinsichtlich der Homosexualität von einer realen, wachsenden und massiven Justizverfolgung betroffen sind.

• ›Diese Paragrafen sind Überbleibsel aus einer barbarischen Zeit; wir leben heute in einer immer toleranteren Gesellschaft‹: Wir haben schon darauf hingewiesen, dass der Terminus ›widernatürlich‹ erst nach dem Krieg im französischen Strafrecht auftaucht. Von einer Liberalisierung weit entfernt, hat der *Code Pénal* die Unterdrückung der Homosexualität in den letzten zwanzig Jahren noch verschärft. Gewiss ist in manchen westeuropäischen Ländern (in Westdeutschland, den Niederlanden, in England und den skandinavischen Ländern) aufgrund ihrer besonderen Verhältnisse eine gewisse Abmilderung der Gesetze gegen die Homosexualität zu verzeichnen, doch läuft der Trend in anderen Ländern, insbesondere in Frankreich, keineswegs in dieselbe Richtung. Von einer allgemeinen Tendenz zur Liberalisierung kann man kaum sprechen, eher vom Gegenteil, lässt man diejenigen Länder beiseite, in denen eine besondere und vorübergehende politische Lage – die Regierungsübernahme durch die Sozialdemokratie – zu einer Verringerung des Strafmaßes geführt hat.

In Frankreich gab es bis zu Pétain keine Verurteilung wegen Homosexualität. Das erste Gesetz, in dem der Begriff auftaucht, ist eine Verordnung Pétains vom 6. August 1942: »Mit Gefängnis zwischen 6 Monaten und 3 Jahren sowie einer Geldstrafe [...] wird bestraft, wer [...] zur Befriedigung seiner Leidenschaften einen oder mehrere unsittliche oder widernatürliche Handlungen mit einem gleichgeschlechtlichen Minderjährigen unter 21 Jahren begangen hat.«[36] Man wundert sich kaum über diese Neuerung in Pétains *Etat Français* (›Arbeit, Familie, Vaterland!‹); vorher galt für homosexuelle Verführung Minderjähriger dasselbe Gesetz wie für heterosexuelle: Ver-

---

36 Gesetz Nr. 744 unter Pétain vom 6. August 1942 zur Ergänzung des §334 des Code Pénal.

urteilt wurden begangene Handlungen mit Personen unter 16 Jahren sowie mit Personen unter 18, sofern die Eltern Anklage erhoben. Pétains Gesetzesänderung zielte auf die Homosexualität als solche. Verwunderlicher ist jedoch, dass der *Code Pénal* nach der Befreiung einen Artikel enthält, der die Termini der Verordnung Pétains aufs Genaueste wieder aufnimmt: Nach der Verordnung vom 8. Februar 1945 (Artikel 331) wird »mit Gefängnis zwischen 6 Monaten und 3 Jahren sowie einer Geldstrafe [...] [bestraft], wer einen unsittlichen oder widernatürlichen Akt mit einem gleichgeschlechtlichen minderjährigen Individuum unter 21 Jahren begangen hat«.[37] Dieser Text, den man wohl das Pétain-De-Gaulle-Gesetz nennen muss, wurde auf Antrag eines christdemokratischen Abgeordneten in der Zeit der Befreiung verabschiedet, in jener Epoche der Liberalisierung, der Hoffnung und des Fortschritts.[38]

Es besteht ganz deutlich eine tiefe libidinöse Verbindung (*lien de désir*) zwischen dem gaullistischen Regime und der Homosexualität: Das zweite Gesetz über Homosexualität, dasjenige über die öffentliche Verletzung des Schamgefühls, wurde im Jahre 1960, nach De Gaulles Rückkehr an die Macht, verabschiedet. Zuvor machte der *Code Pénal* noch keinen Unterschied zwischen homosexueller und heterosexueller Verletzung der öffentlichen Scham. Der Artikel 330 Absatz 2 vom 25. November 1960 präzisiert das nun: »Wenn die öffentliche Verletzung des Schamgefühls aus einem widernatürlichen Akt mit einem Individuum des gleichen Geschlechts besteht, so ist die Strafe Gefängnis zwischen 6 Monaten und 3 Jahren sowie eine Geldstrafe in Höhe von 1.000 bis 15.000 Francs.«[39] Es sei nebenbei bemerkt, dass die heterosexuelle Scham billiger ist: Sie kostet nur 500 bis 4.500 Francs.

---

[37] Verordnung Nr. 45-190 vom 8. Februar 1945.
[38] Diese Regelungen wurden erst 1982 unter François Mitterrand wieder zurückgenommen (Anm. d. Hrsg.).
[39] Verordnung Nr. 60-1245 vom 25. November 1960. Der entsprechende Absatz wurde durch diese Verordnung erst geschaffen (Anm. d. Hrsg.).

Zur selben Zeit kommt der paranoische Charakter der Gesetzgebung in einer Parlamentsdebatte voll zum Ausbruch: Am 18. Juli 1960 bringt der Abgeordnete Paul Mirguet einen Änderungsantrag zur Abstimmung, der die Homosexualität unter das Gesetz über die ›gesellschaftlichen Plagen‹ (*fléaux sociaux*) stellen soll, an die Seite von Tuberkulose und Alkoholismus. Mirguet erklärt im Parlament: »In diesem Augenblick, in dem unsere Zivilisation als gefährdete Minderheit inmitten einer stürmisch sich entwickelnden Welt so leicht verletzbar geworden ist, haben wir gegen alles zu kämpfen, was ihr Ansehen schmälern kann. Auf diesem Felde, wie auf jedem anderen, muss Frankreich mit gutem Beispiel vorangehen. Darum ersuche ich Sie, meinen Änderungsantrag anzunehmen […], denn die Vorschriften gegen die Prostitution betreffen nicht direkt die Homosexualität, und die Regierung muss Stellung beziehen, um die öffentliche Meinung wachzurütteln […].«[40] Dieselben Züge trägt die heilige Raserei eines Jean Royer, jenes Bürgermeisters von Tours, der 1971 Strafantrag gegen Jean-Paul Sartre als Herausgeber einer Zeitung stellte, die sich der Verherrlichung der Homosexualität schuldig gemacht hatte.[41] Der Verfolgungswahn schlägt tobend um sich.

Ergänzen wir noch, was die Paranoia auf die Spitze treibt: Auch zwei Minderjährige zwischen 18 und 21, die miteinander

---

40 Protokoll dieser Debatte einzusehen im Journal officiel (Nr. 51 vom 19. Juli 1960) der *Assemblée nationale*, dort: S. 1981. Eine unmittelbare Folge dieser Debatte war das sogenannte *Amendement Mirguet*, das zwischen 1960 und 1980 eine stärkere Verfolgung und Bestrafung von Homosexuellen ermöglichte (Anm. d. Hrsg.).
41 Bei dieser Zeitung handelt es sich um *tout!*, eine von 1970–1971 zweiwöchentlich erscheinende maoistische Zeitschrift, die mit einer Auflage von ca. 50.000 Exemplaren die damals meistgelesene linksradikale Publikation in Frankreich war. Hocquenghem war Teil der Redaktion, Jean-Paul Sartre fungierte formal als Herausgeber. Auf Hocquenghems Initiative hin wurde die zwölfte Ausgabe der Zeitschrift vollständig von den Aktivist∗innen des *Front homosexuel d'action révolutionnaire* (FHAR) produziert. Sie erschien am 23. April 1971 und löste einen Skandal aus – ein Teil der Auflage wurde vom Innenministerium beschlagnahmt, gegen Sartre wurde wegen Pornografie und Verstoßes gegen die Sittlichkeit ermittelt (Anm. d. Hrsg.).

homosexuelle Handlungen vollführen, können strafrechtlich verfolgt werden, nämlich indem ihr Tun dem Straftatbestand wechselseitiger Körperverletzung gleichgesetzt wird. Bei Angelegenheiten Minderjähriger genügen bereits indirekte Beweise oder die innere Überzeugung des Untersuchungsrichters (es bedarf auch nicht einer Klageerhebung durch die Familie). Im Falle der öffentlichen Schamverletzung kann sich die Strafverfolgung auch gegen denjenigen richten, der eine unsittliche Berührung nicht schnell genug zurückweist. Es genügt bereits, etwas zu lange in einem öffentlichen Pissoir zu bleiben, um den Richter von einer öffentlichen Verletzung des Schamgefühls überzeugt sein zu lassen. Die Polizei kann sogar so weit gehen, zur öffentlichen Verletzung des Schamgefühls anzustiften (z. B. in Dampfbädern). Die Repression begnügt sich nicht damit, genussvoll in der Unterwäsche herumzuschnüffeln; sie erheischt die Schamverletzung regelrecht, sie ruft sie hervor, um sie besser verurteilen zu können (besonders in den USA verhält sich die Polizei häufig in dieser Weise).

Es sei darauf hingewiesen, dass in Belgien erst am 8. April 1965 ein Sondergesetz über die Homosexualität verabschiedet worden ist; unter dem Titel des Jugendschutzes stellt es den »Angriff auf die Scham eines weniger als 18 Jahre alten Jugendlichen gleichen Geschlechts«[42] unter Strafe. Ein gewisser Polizeihauptmann Tilmant schreibt dazu 1969 in der *Revue de la gendarmerie*: »Zum Zwecke einer wirksamen Vorbeugung und sicheren Repression müssen sich die Polizeistellen bemühen, diese verborgene Welt [der Homosexuellen] genau zu kennen, da man weiß, dass Zeugenaussagen dort selten und Denunziationen nur zögerlich sind.«[43] Es zeigt sich klar, dass Polizei und Justiz unter dem Vorwand des Schutzes (der Jugend oder der Öffentlichkeit) ihr eigenes libidinöses Ziel verfolgen. Tilmant fährt fort: »Mehr noch als irgendwo sonst gewinnt die

---

[42] Artikel 372bis des belgischen Code Pénal. Der Artikel wurde 1985, 20 Jahre nach seiner Verabschiedung, wieder abgeschafft (Anm. d. Hrsg.).
[43] Tilmant, Homosexualité et Délinquance, S. 33.

Maxime ›Keine gute Polizei ohne Archive‹ in Sachen Homosexualität ihre volle Bedeutung.«[44] Man fragt sich, was Ferenczi von diesem Fall gehalten hätte.

Die Gesetze sind ein System des Begehrens, in welchem Provokation und Voyeurismus ihren Stellenwert einnehmen: Die Phantasmen des Polizisten sind nicht Erfindungen des verwirrten Hirns der Homosexuellen, sondern die Realität des verschobenen Begehrensbetriebs (*fonctionnement désirant*) der Polizei und der Justiz.

Die Zunahme der anti-homosexuellen Paranoia

Die anti-homosexuelle Paranoia verstärkt sich oder tendiert zumindest dazu. Wir akzeptieren nicht die liberale Haltung, in der erklärt wird: ›Gewiss gibt es diese Gesetze, doch sie sind ein rückständiger Ausdruck der gesellschaftlichen Lage, sie sind der überholte Widerschein einer früheren Ideologie. Lasst uns sie vergessen oder sie verändern.‹ Die Moral steht in komplexer Beziehung zum Gesetz: Der Anstieg an Verurteilungen wegen Homosexualität entspricht auch einer Zunahme homosexueller Praxis. Doch ist dies nicht auf eine bewusste Liberalisierung zurückzuführen, sondern im Gegenteil auf die Krise, die diese Gesellschaft schüttelt, wenn ihre unbewussten Kräfte mit ihrem rationalisierten Ausdruck zusammenprallen. Das ist zwar nicht Faschismus, doch betont Herbert Marcuse zu Recht den immer totalitäreren Charakter der Ideologie moderner kapitalistischer Gesellschaften. Die Krise der Familie hat eine wachsende Zahl junger Menschen dazu gebracht, den Rahmen der Eltern-Kind-Beziehungen zu verlassen; zugleich entspricht diese Krise allerdings auch einer Verdoppelung faschistoider jugendfeindlicher Tendenzen bei Eltern und bei Erwachsenen im Allgemeinen, was Meinungsumfragen über die Einstellung der Bevölkerung zur Jugend deutlich be-

---

44 Ebd.

zeugen[45] und wofür auch das Phänomen einer neuen Kriminalität spricht: die Ermordungen Jugendlicher durch Erwachsene, besonders durch Kneipenbesitzer. Mochte Havelock Ellis in seinem 1923 veröffentlichten Buch *Sexual Inversion* noch ernsthaft darüber diskutieren, ob Kastration ein wirksames Mittel zur Heilung der Homosexualität sei, so sind viele unserer Zeitgenossen, angeheizt von jener Paranoia, welche Presse und Fernsehen angesichts ›sexueller Triebverbrecher‹ auslösen, wahrscheinlich nicht weit davon entfernt, zu derartigen Methoden zurückzukehren. Im April 1972 trafen sich im italienischen Sanremo Mediziner zu einem Kongress, um über Methoden zur Heilung der Homosexualität – Konditionierung, Elektroschocks, Drogen und sogar chirurgische Eingriffe – zu diskutieren.[46] Praktiziert ein deutscher Arzt[47], dem die Presse breite Unterstützung zuteil werden ließ, nicht bereits die Heilung der Homosexualität vermittels einer Operation des Hypothalamus? Und die repressive Begehrensmaschine (*machine désirante*)[48] funktioniert sogar dermaßen gut, dass die Homosexuellen selbst in solche Behandlungen einwilligen, ja sogar nach ihnen verlangen.

---

45 Vgl. die Umfrage in *France-Soir* vom 20. Juni 1972.
46 Aktivist∗innen des FHAR, darunter Hocquenghem, fuhren nach Sanremo, um gemeinsam mit italienischen Genoss∗innen gegen diesen Kongress zu demonstrieren und ihn zu stören. Diese Proteste waren zugleich die erste öffentliche Aktion der italienischen Gruppe *Fuori!*, einer bedeutenden Gruppe der italienischen Homosexuellenbewegung (Anm. d. Hrsg.).
47 Gemeint ist Fritz Douglas Roeder, ein deutscher Neurochirurg, der im Nationalsozialismus als Arzt und Forscher für die Luftwaffe arbeitete und nach 1945 eine Professur für Neurologie und Psychiatrie an der Universität Göttingen innehatte. Er war 1962 der erste Arzt, der einen Patienten zur ›Heilung‹ von seiner Homosexualität einem stereotaktischen Hypothalamus-Eingriff unterzog (Anm. d. Hrsg.).
48 In Bernd Schwibs' Übersetzung des *Anti-Ödipus* von Gilles Deleuze und Félix Guattari wird *désir* konsequent als ›Wunsch‹ übersetzt, *machine désirante* dementsprechend mit ›Wunschmaschine‹. Um einer einheitlichen Übersetzung des Begriffs *désir* willen weichen wir hier von dieser etablierten Übersetzung ab, außer in direkten Zitaten aus dem *Anti-Ödipus* (Anm. d. Hrsg.).

Homosexualität und Kriminalität

Die Homosexualität ist zunächst einmal eine Kategorie der Kriminalität. Zwar zielt die Psychiatrie, wie wir sehen werden, darauf ab, die gesetzlich kodifizierte Repression durch eine Verinnerlichung der Schuld zu ersetzen; doch eine Überführung der anti-homosexuellen Repression aus ihrem strafrechtlichen Stadium in ein psychologisches hat keineswegs zur Folge, dass der strafrechtliche Aspekt verschwindet, ganz im Gegenteil: Die Strafbarkeit und Kriminalität, durch die das homosexuelle Begehren charakterisiert wird, ist weder zufällig noch bedauernswert. Homosexualität fällt tatsächlich zunächst ins Gebiet der Kriminalität, und obwohl es die Abschaffung der gegen sie gerichteten Gesetze zu fordern gilt, betrachten wir die derzeitige Situation nicht etwa als ein Durchgangsstadium, das man allmählich verbessern kann, sondern als eine Notwendigkeit, ja vielleicht sogar als eine Chance für die Befreiung der Homosexuellen.

Robert Musils bewundernswerter Roman *Die Verwirrungen des Zöglings Törleß* ist eine Projektion sämtlicher Phantasmen der Homosexualität auf die kleine Gesellschaft eines deutschen Gymnasiums. Wenn der Schüler Basini sich zu homosexuellen Spielen mit Reiting und Beineberg hergibt, so kann er das, weil er zuvor eine strafbare Handlung begangen hat: Er hat aus der Schublade eines Mitschülers Geld gestohlen. Da er nun schon ein Dieb ist, kann er auch gleich schwul sein. Dieselbe Verknüpfung findet sich auch im gesamten Werk Genets.

Auch die Homosexualität Vautrins in Honoré de Balzacs *Glanz und Elend der Kurtisanen* beruht auf derselben Verbindung. Die Kehrseite der Liebesbeziehung zwischen Vautrin und Lucien de Rubempré ist für Balzac ohne Zweifel jenes Gefängnis, dessen Direktor dem Besucher voller Abscheu die Abteilung zeigt, in der »das dritte Geschlecht«[49] sitzt. Und als es dem Untersuchungsrichter schließlich gelingt, den rätselhaften

---

49 Balzac, Glanz und Elend der Kurtisanen, S. 232.

Abbé Herrera als den kriminellen Vautrin zu entlarven, da entdeckt er zugleich auch, dass das Verhältnis des Abbés zu Lucien eine homosexuelle Beziehung ist: »›Wissen Sie das, […] daß er behauptet, Ihr Vater zu sein […]?‹ ›Er? Mein Vater!‹«[50] – und Lucien bricht in Tränen aus. Als Vautrin wieder in sein ursprüngliches Milieu zurückgeworfen wird, stößt er auf einen seiner früheren Liebhaber, der bald darauf gehenkt wird. Diese libidinöse Angleichung des Homosexuellen an den Kriminellen setzt sich über die rationalen Begriffe des Rechts und der individuellen Verantwortlichkeit hinweg: So schreibt der bereits genannte belgische Polizeihauptmann in dem zitierten Artikel: »Eine aufmerksame Überwachung dieses besonderen Milieus gestattet die Zusammenstellung einer Dokumentation, die bei der Entdeckung zukünftiger Betrüger, Mörder und Erpresser äußerst nützlich sein kann.«[51] Sicher, die Homosexuellen wären in diesem Falle eher die Opfer als die Schuldigen, doch das spielt auf dieser Ebene keine Rolle. Jeder Homosexuelle ist ein potenzieller Mörder. Gustave Macé, früherer Chef der Pariser Kriminalpolizei, schreibt 1870 in *Lundis en prison*: »Von der Erpressung zum Verbrechen ist es nur ein kleiner Schritt, umso mehr, als der echte Sodomit immer getarnt ist […]. Alle Sodomiten sind intelligent, aber ihr Geist drängt zum Bösen.«[52] Das im vollen Ernst. Und das kürzlich von den *Cortes* verabschiedete spanische Gesetz über die gesellschaftlichen Plagen führt aus: »Titel 1, Kapitel 1: Zu Gefahren für die Gesellschaft werden folgende Kategorien von Personen erklärt: 1. die Landstreicher, 2. die Kuppler, 3. die Homosexuellen, […] 7. die Drogenhändler, […] 9. die Geisteskranken, die wegen mangelnder Pflege eine Gefahr für die Gesellschaft darstellen, […] 10. diejenigen, die sich zu Banden zusammenschließen und deren Ziel unverkennbar strafbare Handlungen sind«.[53]

---

50 Ebd., S. 128.
51 Tilmant, Homosexualité et Délinquance, S. 33.
52 Macé, Lundis en prison, S. 164f.
53 Das Gesetz Nr. 16 (*Peligrosidad y Rehabilitación Social*) verabschiedete das spanische Parlament (*Cortes Generales*) am 4. August 1970. Auf Basis dieses

Die Psychiatrie liefert die Argumente für diese Verknüpfung: Wilhelm Stekel beschreibt im Abschnitt ›Homosexualität und Kriminalität‹ seiner Schrift *Die Impotenz des Mannes* die Beziehung zwischen Impotenz und Homosexualität, nachdem er die Impotenz zuvor mit triebhaftem Sexualverbrechen in Zusammenhang gebracht hat. Ein Kranker erklärt: »Im Orgasmus werde ich sehr wild. Ich muß mich während der höchsten Lust beherrschen und die Hände an mich halten, um meinem Partner nicht weh zu tun.«[54] Angesichts solcher Beobachtungen liegt die Aufgabe der Psychiatrie für Stekel klar zutage: Was die aufrichtigsten Kranken betrifft, sei es »[d]ie Aufgabe des Arztes [...], ihnen zu ermöglichen, gut zu sein und den inneren Verbrecher zu überwinden«.[55]

Die schönste paranoische Beschreibung des mörderischen Päderasten findet sich in Lautréamonts *Gesängen des Maldoror*: Das Vertrauen des Kindes ausnutzend, gräbt Maldoror seine Nägel in dessen Brust. Die paranoische Verknüpfung von Homosexualität und Kriminalität ist nicht nur eine Abwehr gegen die homosexuelle Libido, sondern schmückt diese Libido auch mit den Reizen des Blutrünstigen. Eine Geschichte, die vor kurzem als Fall der ›irren Mörder von Yvelines‹ in der Presse breitgetreten worden ist, enthielt einen beträchtlichen Teil an homosexueller Libido: Die beiden jungen Männer, die im Laufe des Sommers 1971 mehrere Personen ohne sichtbaren Anlass töteten (nicht um zu rauben, nur aus Lust), waren selbst aufs Engste mit dem homosexuellen Milieu verbunden; man pflegte sie dort ›die Killer‹ zu nennen. Im Mai 1972 tötete der Sohn eines der Ermordeten während eines Ortstermins seinerseits einen der Mörder. Mord antwortet auf Mord, aber die Presse findet – nachdem sie zunächst die Rückkehr zum

---

Gesetzes, das die ›Behandlung‹ und ›Heilung‹ von Homosexuellen vorsah, wurden unzählige Homosexuelle in dafür vorgesehene Gefängnisse verschleppt – dort sollte ihre Homosexualität u.a. durch den Einsatz von Elektroschocks ›geheilt‹ werden (Anm. d. Hrsg.).
54 Stekel, Die Impotenz des Mannes, S. 463.
55 Ebd., S. 471.

Vergeltungsrecht gehörig beklagt hat – jede Art von Rechtfertigung für das zweite Verbrechen, das den Vatermord rächte. In paranoischer Reaktion empfindet man einen homosexuellen Mord als einen Mord aus Lust (*meurtre de jouissance*), die größte Gefahr der zivilisierten Gesellschaft. Ein Mord aus Rache dagegen ist achtenswert, da er die Rechte der Familie wiederherstellt.

Homosexualität und Krankheit

Homosexualität ist nicht bloß eine Kategorie der Kriminalität, sondern auch der Pathologie. Selbstverständlich im psychiatrischen Sinne, doch zunächst einmal im unmittelbar physischen Sinne: Wenn Drogen und Homosexualität in den offiziellen Darstellungen meistens gemeinsam genannt werden, so deswegen, weil beide scheinbar dieselbe Stellung in der allgemeinen Entartung einnehmen.

Den wichtigsten Platz in der paranoischen Ideologie über die Homosexualität nehmen anscheinend die Geschlechtskrankheiten ein. Als 1960 in Frankreich neue Maßnahmen gegen die Homosexualität eingeführt wurden, legitimierte man sie mit einer Pressekampagne, die das Gespenst einer erneuten Ausbreitung der Syphilis an die Wand malte. Der damalige Gesundheitsminister Bernard Chenot erklärt zum Thema der Ausbreitung von Geschlechtskrankheiten am 24. Juli 1961 in *Le Monde*: »In Wirklichkeit gibt es zwei verschiedene Gründe dafür, zum einen die wachsende Resistenz der Mikroben gegen die Antibiotika, zum andern eine beträchtliche Ausweitung der Homosexualität in allen Ländern. […] Wie kann man die Ausbreitung der Geschlechtskrankheiten bekämpfen? Indem man die Strafen für die Homosexuellen verschärft […].«[56] Und Dr. Albert Touraine, Mitglied der medizinischen Akademie,

---

56 Bernard Chenot, zitiert in: A.G., La recrudescence des maladies vénériennes n'est pas particulière à la France, o. S.

schreibt in der *Revue du praticien*: »Vor allem für die Syphilis haben wir die Rolle der Homosexualität hervorgehoben, und die Zahlenangaben [...] über ihre Verbreitung zeigen deutlich, wie enorm und schnell diese Rolle in jüngster Zeit angewachsen ist.«[57] Wir wissen bereits, welche Funktion die Angst vor der Syphilis im Gesamtrahmen der bürgerlichen Sexualität ausübt, in welchem Ausmaß die Furcht vor Geschlechtskrankheiten als Schutzgitter der sexuellen Normalität dient. Jeder, der in einem Krankenhaus arbeitet, weiß, dass die Behandlung von Geschlechtskrankheiten früher besser von der Krankenversicherung abgedeckt war als heute. Die Scham bei der Angabe einer solchen Krankheit und das polizeiähnliche System, durch das im Falle einer Meldung von Syphilis alle Rechte auf die Sozialarbeiterinnen übertragen werden (Eintragung in eine Kartei, Zwang zur Angabe sämtlicher Sexualkontakte, die zu einer Ansteckung geführt haben könnten, etc.), reichen allein schon aus, um die Ausbreitung der Krankheit zu erklären. Eine anale Syphilis zu melden ist kein unproblematischer Vorgang: Syphilis ist nicht bloß eine Mikrobe, sondern auch eine Ideologie in demselben Sinne, in dem Antonin Artaud die Pest und ihre Symptome als einen Komplex von Phantasmen analysiert hat. Die Vorstellung von der Syphilis umfasst die phantasmatische Angst vor der Ansteckung, vor dem heimlichen Zusammenwirken von Mikroben und unbewussten Kräften der Libido; der Homosexuelle überträgt die Syphilis, wie er die Homosexualität überträgt. Wie in der faschistischen Ideologie stehen sich das Gesunde und das Entartete in einer Schlacht gegenüber, von der das Schicksal unserer Zivilisation abhängt.

Der Versuch, die Homosexualität durch ihre Psychologisierung ehrbar zu machen, ist hoffnungslos: Als Dr. Donald J. West

---

57 Vgl. auch: Escoffier-Lambiotte, Maladies vénériennes: une épidémie mondiale incontrôlable. Das Zitat des Dermatologen und Venerologen Albert Touraine stammt nicht wie angegeben aus der *Revue du praticien*, sondern aus einem Artikel mit dem Titel *L'homosexualité masculine* in *La Presse Médicale* aus dem Jahr 1960 (Jg. 68, Nr. 28, S. 1107) (Anm. d. Hrsg).

1955 »Vorbeugung durch Toleranz«[58] empfahl, machte er sich zum Apostel einer unmöglichen Versöhnung, da ja schließlich nicht einzusehen ist, wieso man etwas tolerieren sollte, dem unter allen Umständen vorzubeugen man sich doch entschlossen hat. Jede Suche nach Ursachen ist hier nur eine nachträgliche Legitimation der gesellschaftlichen Unterdrückung. Dies ist in aller Deutlichkeit zu sehen, wenn Havelock Ellis seine ansonsten verständnisvolle Untersuchung der homosexuellen Frage mit der Feststellung beschließt, dass man zwar die Existenz der Homosexualität tolerieren müsse, aber ihre Bejahung keinesfalls tolerieren könne. Auch Dr. Hans Giese schreibt in seinem Buch *Der homosexuelle Mann in der Welt* (zu dessen französischer Ausgabe Dr. Angelo Hesnard, Präsident der Französischen Psychoanalytischen Gesellschaft, ein Vorwort verfasst hat), dass die »Fehlhaltung« zwar »*in* der Ordnung« stehe, die »Perversion« aber »*gegen* die Ordnung«.[59] Unter Fehlhaltung versteht Giese den Verlust des Sinnes für die Fortpflanzungssexualität, unter Perversion versteht er die Bejahung der Homosexualität.

Die Kommunistische Partei Frankreichs (KPF) hat häufig die Rolle einer Art Über-Ich der Bourgeoisie gespielt: Sie repräsentiert das treue Beharren auf moralischen Prinzipien und beschuldigt die herrschende Klasse, diese Prinzipien nur in Worten zu respektieren, um sie dann in Taten umso besser verraten zu können. Sie hat das Gesetz der familialen Heterosexualität bekräftigt, besonders dadurch, dass sie mehrfach gegen die Abtreibung Stellung bezog. Das Aufkommen einer homosexuellen Bewegung innerhalb der radikalen Linken bietet der KPF die Gelegenheit, die Wahrheit der bürgerlichen Moral zum Ausdruck zu bringen. Ein gewisser Pierre Juquin, Mitglied des Zentralkomitees, erklärt im Mai 1972: »Drogen, sexuelle Perversion und Diebstahl dürfen nicht mit revolutionärer Aktion verwechselt werden.«[60] Und in einem Interview mit dem *Nou-*

---

58 West, Homosexuality, S. 124ff.
59 Giese, Der homosexuelle Mann, S. 201, Herv. i. O.
60 Pierre Juquin, zitiert in: Ohne Autor∗in, M. Juquin, o. S.

vel Observateur stellt er fest: »Das Eintreten für Homosexualität oder Drogen hat niemals etwas mit der Arbeiterbewegung zu tun gehabt [...]. Wahre Ordnung gibt es nur in der und durch die Demokratie.«[61]

Die moralisierende Paranoia zielt nicht auf das homosexuelle Verhalten als solches. In all diesen Erklärungen ist niemals vom Geschlechtsverkehr zwischen zwei Männern als solchem die Rede. Die Homosexualität ist vielmehr gleichsam der Abfall einer gut eingefahrenen Gesellschaftsmaschine, deren Funktionieren die Kommunistische Partei zum Beispiel noch weiter zu verbessern wünscht. Sie ist das, was an nicht Klassifizierbarem und nicht Verwendbarem von der Libido übrig bleibt, das Nichtsexuelle gegenüber einer genau definierten Sexualität. Als bestimmte Form des Begehrens hat sie keinen Platz im gesellschaftlichen Gefüge. Die Gesellschaft verbrennt ihren Abfall – im Mittelalter band man die Homosexuellen buchstäblich auf den Scheiterhaufen. Die moderne Gesellschaft hat rationellere Methoden der Beseitigung. Freilich hat die moralische Verschmutzung (so nennt es der bereits erwähnte Jean Royer[62]) offensichtlich die gleichen Eigenschaften wie die industrielle Verschmutzung: Die Maschine selbst ist es, die ununterbrochen eine wachsende Abfallmasse produziert, deren wuchernde Ausbreitung sie nicht mehr aufzuhalten vermag. Der Traum eines Georges Heuyer wird von Tag zu Tag notwendiger und zugleich unmöglicher: »Für diese geistig anormalen Delinquenten [die Homosexuellen] fordern Ärzte und Richter ein Gesetz zur Verteidigung der Gesellschaft, das die Möglichkeit einer Sicherungsverwahrung in Irrenanstalten gibt, in denen die Kranken durch Psychotherapie und Arbeit behandelt und reintegriert werden können.«[63]

---

[61] Juquin, Interview mit Le Nouvel Observateur, o.S.
[62] Vgl. Royer, Tours, capitale de la censure, S. 47 (Anm. d. Hrsg.).
[63] Heuyer, Les Troubles Mentaux, S. 242.

*›Latente‹ Homosexualität
gegen ›offene‹ Homosexualität*

Um darstellen zu können, dass die Unterdrückung der Homosexualität durch die Gesellschaftsmaschine Ausdruck eines paranoischen Libido-Systems mit homosexueller Wurzel ist, muss man davon ausgehen, dass das Begehren in allen Institutionen vorhanden ist. Es genügt nicht mehr, die Gesellschaft in Begriffen eines Konfliktes zwischen bewussten, durch ihre Interessen sich konstituierenden Gruppen (den Klassen) zu analysieren, sondern wir müssen erkennen, dass neben den bewussten Besetzungen (den politischen) auch noch unbewusste libidinöse Besetzungen existieren, die zum Teil zu den bewussten im Widerspruch stehen (siehe das Beispiel der kommunistischen Aktivisten).

Wir folgen hier den Analyse-Prinzipien, die Gilles Deleuze und Félix Guattari in ihrem *Anti-Ödipus* entwickelt haben: Man muss nicht erst durch die ödipalen Identifikationen hindurchgehen, um zu erkennen, dass das Begehren in der Gesellschaftsmaschine steckt – und zwar unmittelbar, nicht bloß in symbolischer Form, bei der nur die Archetypen der Familie (z.B. der Vater) ins Spiel kommen. Ferner nehmen wir auch ihre Unterscheidung zwischen der ›molekularen‹ Ebene des Begehrens und der ›molaren‹ Ebene der großen Gesellschaftsmaschinen hier auf: Es lässt sich sagen, dass im Allgemeinen die berühmte Sublimierung der Homosexualität als Voraussetzung für das Funktionieren der Gesellschaftsmaschinen genau der von Deleuze und Guattari analysierten Unterdrückung des Molekularen durch das Molare entspricht. Die latente Homosexualität, die den Psychoanalytikern so teuer ist, entspricht der Unterdrückung der offenen Homosexualität. Das größte Maß an latenter Homosexualität ist in den besonders ausgeprägt antihomosexuellen Gesellschaftsmaschinen zu finden: in der Armee, der Schule, der Kirche, im Sport etc. Auf kollektiver Ebene bildet besagte Sublimierung das Mittel zur Umwandlung des Begehrens in ein Begehren nach Unterdrückung.

Der Sex durchzieht die gesamte Gesellschaftsmaschine: Während einer Sitzung der Parlamentsfraktion der *Union des Démocrats pour la République* (UDR) im Mai 1972 erklärt ein Abgeordneter des Départements Isère in Bezug auf die Vertrauenskrise der Regierung und der herrschenden Klasse: »Die Abgeordneten sind Kastraten. Die Regierung muss ein Geschlecht haben und es auch gebrauchen!« – wozu *Le Monde* bemerkte: »Man wusste bereits [...], dass die UDR einen Chef braucht. Nun weiß man auch, was sie von ihm erwartet.«[64]

Die Homosexualität geht jeden an, und doch wird sie überall tabuisiert. Auch diese Art von Unterdrückung muss Gegenstand einer Analyse sein, in der das Begehren berücksichtigt wird. Man lese das Protokoll der Parlamentsdebatte bei der Verabschiedung des Gesetzes über die ›gesellschaftlichen Plagen‹: »Präsident: ›Was hält die Kommission davon?‹ (Lachen). Mme Marcelle Devaud (Berichterstatterin): ›Ich finde das nicht besonders lustig! Es gibt da eine Situation, die Sie kennen und die ich auch kenne‹ (erneutes Gelächter).«[65] Gemeint war damit der Änderungsantrag zur Homosexualität. Überall, wo das Wort nur auftaucht, zieht es eine Flut von Versprechern oder zumindest von Fehldeutungen der einfachsten Wörter nach sich. Gegenüber der Homosexualität gibt es keine unschuldige oder objektive Haltung, es gibt lediglich Situationen des Begehrens, in denen die Homosexualität ins Spiel kommt.

---

64 T. F., Politique et Sexualité, o.S. Der Abgeordnete, der zwischen August 1968 und April 1973 Repräsentant des 2. Wahlkreises von Isère war und zitiert wird, ist Pierre Volumard (Anm. d. Hrsg.).
65 Siehe dazu auch S. 26–32 (Der Mythos des sittlichen Fortschritts) in diesem Buch.

II. Schändliche, Perverse, Verrückte

Die Psychiatrisierung der Homosexualität hat die strafrechtliche Unterdrückung nicht ersetzt, sie hat sie vielmehr begleitet. Einer Epoche, in der der Sodomit ebenso als entartet galt wie der Idiot oder der Verrückte, genügte es, die Homosexuellen einfach ins Gefängnis zu werfen. Die moderne Repression benötigt ein Rechtfertigungsspiel (*jeu justificatif*), ein Hin und Her zwischen der Schuld vor dem Gesetz und der Psychologie der Schuld. Das psychologische Verständnis stellt sich dem richterlichen Handeln an die Seite: Dieses repräsentiert die positive Institution des auf der Normalität beruhenden Urteils, jenes verankert die Schuld im Innern des Individuums selbst. Damit die Repression wirksam wird, muss sie vom Schuldigen selbst als notwendig anerkannt werden. Zur vollen Erfüllung der Gesetze braucht es das ›Gesetz des Vaters‹. Keine gute Justiz ohne das schlechte Gewissen des Angeklagten.
So kommt es, dass sich die Homosexualität als Neurose konstituiert. Der Homosexuelle ist ein Vetter von Nietzsches Juden. Die Polizei im Kopf ist das eigentliche Mittel der Polizei in Uniform. Keine Zivilisation könnte lange fortbestehen, wenn sie ausschließlich auf der Gewaltherrschaft eines einzelnen Sexualitätsmodus über alle anderen begründet wäre: Der Zusammenbruch der religiösen Glaubenssysteme macht neue innere Moralschranken notwendig. In diesem Punkt spielt der Freudianismus eine bedeutende Rolle: Er ist zugleich der Entdecker der Mechanismen des Begehrens und der Organisator ihrer Kontrolle. Deleuze und Guattari vergleichen die Bedingungen der Freud'schen Entdeckung mit denen der kapitalistischen Entdeckung: Die allgemein-abstrakte Kraft, die im ökonomischen ebenso wie im sexuellen Leben am Werk ist, wird

nur entdeckt, um sofort wieder in neuen Entfremdungsverhältnissen privatisiert zu werden. Kaum hat die bürgerliche politische Ökonomie die Arbeit als Grundlage des Werts entdeckt, so fesselt sie sie auch schon in der Form des Privateigentums an Produktionsmitteln. Freud entdeckt die Libido als Grundlage des Gefühlslebens und fesselt sie sofort in der Form der familial-ödipalen Privatisierung. Der Auftritt der Libido muss vom phantastischsten aller jemals erfundenen Schuldzuweisungssysteme begleitet werden.

In einer Epoche, in der die kapitalistische Individualisierung die Familie aushöhlt, indem sie ihr die wichtigsten gesellschaftlichen Funktionen nimmt, repräsentiert der Ödipuskomplex die Verinnerlichung der Familieninstitution. Eine der Gesellschaften mit der höchsten Scheidungsquote, die amerikanische, ist zugleich auch eine der am stärksten ödipalisierten Gesellschaften. Genau derselben Krise der gesellschaftlichen Institutionen entspricht auch die Ödipalisierung der Homosexualität. Es geht nicht mehr bloß um den Kampf gegen Ausschweifungen, sondern es kommt auch darauf an, dass die Heilung jene Bedeutungen annimmt, die der Bestrafung zugewiesen werden.

Perverser Polymorphismus, Bisexualität,
unmenschliches Geschlecht

Wie steht es nun mit jener Freud'schen Entdeckung der Libido? Wie kann diese Erkenntnis, auf der die moderne Psychiatrie beruht, die Aufgabe der anti-homosexuellen Repression erfüllen? Früher war es selbstverständlich, dass nur *eine* Sexualität existierte, eben die Heterosexualität. Nun jedoch ist eine beträchtliche Deformationsleistung nötig, um die Erkenntnis von der Libido in eine Kulpabilisierung der Homosexualität zu verwandeln.

Vor allem darf das Begehren nicht Produktion sein, sondern lediglich Mangel. Also drückt man ihm den Stempel einer Unzulänglichkeit auf, die es erlaubt, das Begehren zu kontrollieren. Deleuze zufolge bildet sich der Ödipus-Komplex dadurch, dass eben dieser Mangel dem Begehren in Form des Inzestverbots zugeschrieben wird. Das »unmenschliche Geschlecht«[66], das heißt der unpersönliche Fluss der Libido, wird zum Imaginären der Beziehungen zwischen Personen im Schoß der Familie.

Dass das Geschlecht ›un-menschlich‹, das Begehren grundlegend undifferenziert ist und keine Unterscheidungen zwischen Heterosexualität und Homosexualität kennt, drückt Freud mit dem Begriff des ›polymorph Perversen‹ aus. Es versteht sich von selbst, dass das Wort ›pervers‹ dabei lediglich auf die sprachliche Konvention einer Unterscheidung zwischen *Normalem* und *Perversem* verweist: »Wenn man die Kinder ›polymorph pervers‹ genannt hat, so war das nur eine Beschreibung in allgemein gebräuchlichen Ausdrücken; eine moralische Wertung sollte damit nicht ausgesprochen werden. Solche Werturteile liegen der Psychoanalyse überhaupt fern.«[67] Musils Roman *Die Verwirrungen des Zöglings Törleß* verdeutlicht diese ursprüngliche Vieldeutigkeit (*polyvocité*) des Begehrens sehr gut: Törleß weiß nicht, ob er einen Bestimmten (Basini oder Reiting) begehrt; tatsächlich begehrt er einfach ziellos.

Der perverse Polymorphismus verweist auf das, was Freud (nach Wilhelm Fließ, dessen Konzeption rein biologisch war) als die konstitutionelle Bisexualität des Mannes und der Frau auffasst – ein Begriff an der Schnittstelle zwischen Biologie und Psychologie, da das Begehren die wissenschaftlichen Ein-

---

66 Marx, Zur Kritik der Hegelschen Rechtsphilosophie, S. 293. Marx verwendet die Formulierung ›unmenschliches Geschlecht‹ zur Bestimmung eines wahren Gegensatzes – so seien weibliches und männliches Geschlecht lediglich »entgegengesetzte Bestimmungen *eines* Wesens« (ebd.), aber keine wahren Extreme (wie sodann menschliches Geschlecht und unmenschliches Geschlecht). Deleuze und Guattari nehmen diese Bemerkung auf und kritisieren davon ausgehend die »*anthropomorphe Repräsentation des Geschlechts*« (Anti-Ödipus, S. 379). Mit großer Wahrscheinlichkeit bezieht sich Hocquenghem vor allem auf diese Kritik (Anm. d. Hrsg.).
67 Freud, »Selbstdarstellung«, S. 64.

teilungen ignoriert. »Die wichtigste dieser Perversionen, die Homosexualität, verdient kaum diesen Namen. Sie führt sich auf die konstitutionelle Bisexualität [...] zurück; durch Psychoanalyse kann man bei jedermann ein Stück homosexueller Objektwahl nachweisen.«[68] Und an anderer Stelle schreibt Freud: »Die psychoanalytische Forschung widersetzt sich mit aller Entschiedenheit dem Versuche, die Homosexuellen als eine besonders geartete Gruppe von den anderen Menschen abzutrennen. Indem sie auch andere als die manifest kundgegebenen Sexualerregungen studiert, erfährt sie, daß alle Menschen der gleichgeschlechtlichen Objektwahl fähig sind und dieselbe auch im Unbewußten vollzogen haben [...]. Der Psychoanalyse erscheint vielmehr die Unabhängigkeit der Objektwahl vom Geschlecht des Objektes, die gleich freie Verfügung über männliche und weibliche Objekte, wie sie im Kindesalter, in primitiven Zuständen und frühhistorischen Zeiten zu beobachten ist, als das Ursprüngliche, aus dem sich durch Einschränkung nach der einen oder der anderen Seite der normale wie der Inversionstypus entwickeln. Im Sinne der Psychoanalyse ist also auch das ausschließliche sexuelle Interesse des Mannes für das Weib ein der Aufklärung bedürftiges Problem und keine Selbstverständlichkeit, der eine im Grunde chemische Anziehung zu unterlegen ist.«[69] Heterosexualität und Homosexualität sind die prekären Ausdrucksformen eines Begehrens, das keinen Namen hat. Wenn die Unterscheidung zwischen Biologie und Psychologie dabei hinfällig wird, so deshalb, weil das Begehren noch jene Trennung zwischen Körper und Geist ignoriert, die den Begriff der Persönlichkeit stiftet.

Diese Trennung ist indessen der ganze Lebensinhalt der Psychiatrie und Psychoanalyse als *Institution*. Es überrascht also nicht, dass die Umarbeitung des Freud'schen Denkens gerade auf diesem Weg vorgenommen wird. Die bereits zitierte Nummer der *Revue française de psychanalyse* von 1965 enthält eine

---

68 Ebd., S. 63f.
69 Freud, Drei Abhandlungen zur Sexualtheorie, S. 44, Fn. 1.

lange Kritik William H. Gillespies an der Freud'schen Auffassung. »Freud gründete seine Konzeption der Bisexualität zum großen Teil auf biologischen und anatomischen Überlegungen.«[70] Freud auf das Niveau eines Richard von Krafft-Ebing hinunterzudrücken, d. h. auf die Ebene einer mechanischen Beziehung zwischen sorgfältig unterschiedener Biologie und Psychologie, ist der erste entstellende Eingriff. Der zweite besteht dann in der Berufung auf neuere Chromosomenforschungen, um so die biologische Basis zu zerstören, die man Freud vorher untergeschoben hat. »Gewisse neue Forschungen haben Verbindungen zur ›Entdeckung‹ [...] der Bisexualität jeder einzelnen Zelle. Ihre Beweisführungen widerlegen in bestimmtem Sinne die Ansichten von Fließ. Ich meine hier das Chromosomen- oder Zellkerngeschlecht, die Tatsache, dass es jetzt möglich ist, sexuelle Unterschiede in den somatischen Zellen der Individuen nachzuweisen, Unterschiede, die im Allgemeinen mit der manifesten Männlichkeit oder Weiblichkeit dieser Individuen korrespondieren [...]. Diese Entdeckung liefert zweifellos ein ernstzunehmendes Argument gegen die Hypothese von der Bisexualität, wie sie von Freud vertreten wurde.«[71] Und weiter unten: »Und nun bin ich es, der sich gemeinsam mit anderen energisch gegen jeden Versuch wendet, der Homosexualität allein auf Basis dessen, dass sie in der Bisexualität eine biologische und psychologische Grundlage habe, einen besonderen Platz außerhalb des Rahmens der Perversionen zuweisen zu wollen.«[72] Die Revision Freuds ähnelt sehr jenen Revisionen, die im Namen der modernen Technologie an Marx vorgenommen werden. Man revidiert lediglich das, was man zuvor so weit reduziert hat, dass es revidierbar ist. Was nun die Chromosomen-Theorie angeht, so muss daran erinnert werden, dass sie wohl weniger eine biologische ›Entdeckung‹ als eine ideologische Regression ist: Mit ihrer Hilfe macht man den

---

70 Gillespie, Homosexualité, S. 328.
71 Ebd., S. 329.
72 Ebd., S. 330.

Homosexuellen zu einem Unfall in der Natur, zu einem Ungleichgewicht im dreiundzwanzigsten Chromosomenpaar, und mit demselben Ungleichgewicht, demselben natürlichen ›Makel‹ erklärt man dann auch die Kriminalität.[73] So gelangt man schließlich wieder zu jener unvermeidlichen Verknüpfung von Kriminalität und Homosexualität. Und da ja die Zahl der ›chromosomischen‹ Homosexuellen verschwindend klein ist, verweist Gillespie die Homosexualität an die Psychiatrie, an das psychologische Funktionieren des Ödipus. Die ganze Entdeckung Freuds verschwindet allmählich von der Bildfläche; so schreiten jene Wissenschaften voran, die Fourier so treffend die »ungewissen«[74] nannte.

Der Hass auf die Frau

Das Begehren hat als autonome und polymorphe Kraft zu verschwinden; es darf für die Institution Psychoanalyse nur als Mangel bestehen. Stets muss das Begehren etwas bedeuten, sich auf ein Objekt beziehen, das seinen Sinn in der ödipalen Triangulierung erhält. Und genau so nimmt die nach-Freud'sche Psychoanalyse ihren Platz als Institution der bürgerlichen Gesellschaft zur Kontrolle der Libido ein.

Die Homosexualität wird folglich durch ihren Mangel definiert. Sie ist nicht mehr eine der zufälligen Festlegungen eines vieldeutigen Begehrens, sondern wird als Hass auf die Frau als das einzige gesellschaftlich anerkannte Sexualobjekt dargestellt. Die Heterosexualität ist ›vollständig‹ im Gegensatz zu einer Homosexualität, die das wichtigste Objekt des Begehrens verfehlt. Gewisse ideologische Aspekte im Freud'schen Denken, die zu seiner grundsätzlichen Auffassung von der konsti-

---

73 Vgl. dazu auch den Pariser Kriminologen-Kongress von 1972. (Der 13. *Congrès français de criminologie* fand vom 11.–15. September 1972 in Paris statt und hatte das Thema »Les toxicomanies« (Anm. d. Hrsg.)).
74 Vgl. Fourier, Égarement de la raison démontré par les ridicules des sciences incertaines.

tutionellen Bisexualität im Widerspruch stehen, mögen eine solche Ausrichtung zulassen: In seiner Schrift *Zur Einführung des Narzißmus* unterscheidet Freud zwei Existenzweisen der Sexualität: »[Das Individuum] hält selbst die Sexualität für eine seiner Absichten, während eine andere Betrachtung zeigt, daß es nur ein Anhängsel an sein Keimplasma ist, dem es seine Kräfte gegen eine Lustprämie zur Verfügung stellt«.[75] Diese – bei Freud nur vorübergehende – Rückkehr zum Begriff einer im Wesentlichen reproduktiven Sexualität wird bei Bernard Muldworf, dem Theoretiker der KPF in Sachen Sexualität, zum System. Das Begehren als Produktion wird ersetzt durch die Sexualität als Reproduktion, die Familie. Sartre drückt in seinem *Saint Genet* die gleiche ideologische Gewissheit aus, die der ›Normale‹ gegenüber dem Homosexuellen empfindet: Die Normalen wissen, dass die Frau alles »übernehmen [wird]: unsere Lust und die Erhaltung der Art«.[76]

Mithin ist ›die Frau‹ – die als solche ansonsten keinen Platz in der Gesellschaft hat – das erklärtermaßen *einzige* gesellschaftliche Sexualobjekt und damit zugleich auch *der Mangel*, welcher der homosexuellen Beziehung zugeschrieben wird. Diese ist nun nicht mehr ein mit der Heterosexualität koexistierender Teilausdruck des Begehrens, sondern ist die Beziehung, welche die Reproduktion verfehlt. Wilhelm Stekel ist ein gutes Beispiel für eine solche Reduzierung: Nachdem er zunächst die Theorie der Bisexualität akzeptiert, konzentriert er seine Aufmerksamkeit im Weiteren auf die vermeintliche Auslöschung der Frau in der männlichen Homosexualität. So nimmt er an, dass der Zugang zur Frau dem Homosexuellen aufgrund seiner Familiengeschichte verwehrt sei. Im Kapitel über das Verhältnis von Impotenz und Kriminalität aus *Die Impotenz des Mannes* schreibt er: »Warum ist der Homosexuelle beim Weibe impotent? Die Frage scheint naiv. Die meisten Ärzte werden antworten: weil er beim Weibe keine Libido hat und nur Män-

---

[75] Freud, Zur Einführung des Narzißmus, S. 143.
[76] Sartre, Saint-Genet, S. 134.

ner begehrt. Gerade diese Ansicht habe ich in ›Onanie und Homosexualität‹ energisch bekämpft und nachgewiesen, daß der Homosexuelle seine heterosexuelle Komponente nur aus dem Grunde verdrängt hat, weil er zum Weibe sadistisch (mit Haß!) eingestellt ist.«[77] Somit sei »[d]ie homosexuelle Parapathie […] eine durch die sadistische Einstellung zum entgegengesetzten Geschlechte motivierte Flucht in das eigene Geschlecht«.[78] Man sieht, wie das psychiatrische Denken von der Anerkennung der Bisexualität aus dazu gelangt, eine der Formen des Sexualverhältnisses durch die Angst vor der anderen zu erklären.

Die Homosexualität ist ihrem Wesen nach neurotisch, und diese Neurose hängt eng mit dem Hass auf die Frau zusammen. Das Begehren wird durch seinen Mangel definiert; Mangel und Angst sind die Triebfedern der Ödipus-Konstruktion. Angst vor dem Manne oder vor der Frau, Angst vor dem Vater oder der Mutter, beide Erklärungen werden parallel gegeben: »So ist eine der häufigsten Ursachen, durch die das Individuum zur Homosexualität getrieben werden kann, die Angst vor dem Manne, dem Vater; sie bewirkt die Flucht in die passiv-weibliche Identifikation mit der Mutter, um so der gefürchteten Aggression entgehen zu können.«[79]

Wie wir sehen, lässt man sich durch Widersprüche kaum stören; was allein zählt, ist die *Angst*, der wir bei der Beschäftigung mit der *Kastration* und der Rolle des *Phallus* als dem Sinnverteiler zwischen den Geschlechtern wiederbegegnen werden.

---

[77] Stekel, Die Impotenz des Mannes, S. 450f.
[78] Ebd., S. 451.
[79] Nacht, Le masochisme, S. 256.

Die Ödipalisierung der Homosexualität

Die Homosexualität nimmt somit ihren Platz im neurotischen Familienroman ein: der Konstruktion des Ödipuskomplexes. Dies ist nötig, da der Ödipus das einzige Mittel zur wirksamen Kontrolle der Libido ist. Man braucht Phasen, Etappen, eine Pyramidalkonstruktion, die das homosexuelle Begehren in die drei Seiten des Dreiecks einschließt. Freud hat bekanntlich die Theorie vom ›dritten Geschlecht‹, wie sie von Dr. Magnus Hirschfeld vertreten wurde, häufig angegriffen. Einem Liberalismus, der die Homosexualität nur unter der Bedingung akzeptiert, dass sie in einem besonderen Geschlecht eingeschlossen wird, setzt Freud die Universalität des homosexuellen Begehrens als Übersetzung des perversen Polymorphismus entgegen. Doch kaum hat er die Universalität der ›Perversion‹ entdeckt, schließt er sie auch schon – nun nicht mehr geografisch, sondern historisch – im ödipalen System ein. Sehr explizit ist im Hinblick darauf Freuds Aufsatz über Leonardo da Vinci;[80] zur männlichen Homosexualität werden hier zwei Dinge als unzweifelhaft behauptet: zum einen die Fixierung an die Mutter, zum andern der Umstand, »dass jedermann […] der homosexuellen Objektwahl fähig ist«[81] und sie entweder bereits vollzogen hat, sie unbewusst noch festhält oder aber sich gegen sie wehrt.

Wenn es nun aber tatsächlich die Möglichkeit der Neurose gibt, d. h. die ›Rückkehr des Verdrängten‹ in die ›unisexuelle‹ Wahl, so wird doch allein die Homosexualität als neurotisch in ihrer unisexuellen Orientierung verurteilt. Warum ist das so?

---

80 Vgl. Freud, Eine Kindheitserinnerung des Leonardo da Vinci.
81 Ebd., S. 169, Fn. 2.

Die Kastration, der Narzissmus

Im selben Aufsatz über Leonardo da Vinci finden sich auch die ersten Ansätze zu einer Art von Analyse der Homosexualität, die eine große Zukunft haben sollte: Im Zentrum der Homosexualität Leonardos steht eindeutig die »Geierphantasie«[82]: ein Kind, das am Schwanz eines Geiers lutscht. Das Kind ist Leonardo, der Geierschwanz ist zugleich die Mutterbrust und der Penis. Freud sieht hierin das Zeichen einer passiven Homosexualität des Malers; sie entspringt dem Abscheu, den die Entdeckung hervorruft, dass die Frau keinen Penis besitzt, was auf eine Verletzung oder Amputation zurückgeführt wird. Hier beginnt die Kastration ihr Spiel. Der Kampf gegen die Theorie vom dritten Geschlecht verwandelt sich in eine Universalisierung des Ödipus. Das Mädchen erlebt den sinnverteilenden Phallus als Penismangel, der Junge erlebt ihn als Furcht vor Penisverlust, als Kastrationsangst. Das schlechte Gewissen tritt auf, die Schuld, in der sich Subjekt und Objekt voneinander trennen.

Der passive Homosexuelle – und nur von ihm ist im Wesentlichen die Rede, sodass er die Homosexualität in ihrer Gesamtheit verkörpert – ist diesem Denken zufolge gekennzeichnet durch seine Angst vorm Fehlen des Penis oder vor seinem Verlust. Zugleich auch durch die Unfähigkeit, sich von der Mutter zu trennen, da sie in vollem Maße jenen Sinn besitzt, an dem es ihm mangelt.

Hier erhält der Narzissmus seine Bedeutung. Die Wahl eines sexuellen Objektes außerhalb des Individuums wird zur Notwendigkeit, als eine Objektwahl durch »Anlehnung«.[83] Zur Analyse dieses Stadiums des Begehrens, das in sich selbst ein Mangel ist, insofern es sich für ein späteres Stadium hält, schreibt Freud in *Zur Einführung des Narzißmus*: »Wir haben, besonders deutlich bei Personen, deren Libidoentwicklung eine

---

[82] Ebd., S. 178.
[83] Freud, Zur Einführung des Narzißmus, S. 154.

Störung erfahren hat, wie bei Perversen und Homosexuellen, gefunden, daß sie ihr späteres Liebesobjekt nicht nach dem Vorbild der Mutter wählen, sondern nach dem ihrer eigenen Person.«[84] Indem der Homosexuelle seine Objektwahl auf der Basis des Narzissmus trifft, ist er in gewissem Sinne objektlos. Desgleichen war auch die Frau durch den Phallusmangel definiert. Im Übrigen zeichnet sich die Frau Freud zufolge durch einen essenziellen Narzissmus aus – und der Homosexuelle erbt einige ihrer Eigenschaften.

Der Narzissmus ist zum einen das objektlose Begehren – und als solches nahe der ursprünglichen Libido – und zum anderen eben dieses Begehren als Mangel an Libidogeschichte. Er ist das Ende des Unbewussten des ›un-menschlichen‹ Geschlechts und der Anfang der personalisierten und imaginären ödipalen Sexualität. Darum steht er im Angelpunkt der Ödipalisierung des homosexuellen Begehrens. Die Angst vor dem zerstückelten Körper, vor der Kastration, kann offensichtlich erst nach Lacans ›Spiegelstadium‹ auftreten. Sich selbst zu erkennen, seine Organe zu einer Person zusammenzufügen, heißt, den perversen Polymorphismus zu verlieren oder vielmehr die Perversität des Polymorphismus einzuführen. Gewiss ist die vom Spiegelstadium geschaffene ›ganze Person‹ chronologisch gesehen sekundär, doch ist sie insofern primär, als sie ihren Sinn retrospektiv auf das erste Stadium überträgt. Die Gesamtheit der ›Partialtriebe‹ wird nun innerhalb einer körperlichen Einheit zusammengefügt, nach dem Prinzip, dass die Form vor den Teilen da ist. Die ganzen Personen werden der in den Partialobjekten vorhandene Mangel. Die Suche nach Seinesgleichen setzt voraus, dass die Existenz eines Gleichen und eines Verschiedenen angenommen wird. Das narzisstische Stadium ist die Operation, durch welche sich das namenlose Begehren als gleich oder verschieden, als Homosexualität oder Heterosexualität identifiziert. Sicherlich verteilt sich der Narzissmus prinzipiell in gleichem Maße auf Hetero- und Homosexualität,

---

84 Ebd.

ebenso wie die aus der Unisexualität entstandene Neurose. Doch tatsächlich wird der Narzissmus – gleichsam zufällig – zum treibenden Motiv der homosexuellen Geschichte, ganz wie vorher schon die Neurose zu ihrer Existenzweise geworden war.

Die Schuld gedeiht im Mangel; Narzissmus und Homosexualität bieten sich im Bereich der Sublimierung als Vorzugsobjekt an, sodass man sagen kann: Sublimierung ist nichts anderes als die Homosexualität in ihrer historisch-familialen Wahrheit. Freud schreibt am Ende von *Zur Einführung des Narzißmus*: »Die Unbefriedigung durch Nichterfüllung dieses Ideals [des Ichideals] macht homosexuelle Libido frei, welche sich in Schuldbewußtsein (soziale Angst) verwandelt.«[85] Wenn der Kern des Narzissmus und der Homosexualität, genauer, des Narzissmus als Trennungsoperation zwischen Homosexualität und Heterosexualität sich in soziale Angst verwandelt, dann ist das ödipale neurotische Ich aufs Engste damit verbunden: »Große Beträge von wesentlich homosexueller Libido wurden so zur Bildung des narzißtischen Ichideals herangezogen«[86] – jenes moralischen Bewusstseins also, das durch den Eingriff der Eltern und Erzieher hervorgebracht wird.

Was beschrieben wird, wird damit zugleich auch konstruiert; man findet in der ödipalisierten homosexuellen Libido nur das, was man zuvor hineingetan hat. In diesem Sinne ist die Analyse der Homosexualität gleichzeitig die Konstruktion des gesamten Familienromans, in dem sie dann wohl oder übel zu leben hat.

Ödipus und der Homosexuelle

In den griechischen Mythen, oder jedenfalls in dem, was die Psychoanalyse daraus gemacht hat, kommen die Homosexuellen im Allgemeinen nicht gut weg. In der Vorstellung der Psy-

---

85 Ebd., S. 169.
86 Ebd., S. 163.

choanalyse liefert eine Gesellschaft von Päderasten (eben die griechische) mit ihren Mythen die Waffen gegen das, was durch sie überhaupt erst sich denken lässt. Die griechische Liebe verschmilzt mit der ödipalen Liebe. Der familial-heterosexuelle Imperialismus hängt der Homosexualität seine neurotischen Bedeutungen an. So ist dann die ›Perversion‹ nicht mehr das Negativ der Neurose; man braucht die homosexuelle Perversion nicht mehr in Anführungszeichen zu setzen. Das Imaginäre, das Trugbild überspannt das gesamte Feld der Libido.

Das Bild der Mutter nimmt den Platz der Brust ein, das ungreifbare Begehren mit seinen unzähligen möglichen Kopplungen (*branchements*) fixiert sich – und mit diesem Wort ›Fixierung‹ ist der beträchtliche Aufwand, der von der ödipalen Psychoanalyse betrieben wird, treffend gekennzeichnet. Die »Fixierung an die Mutter«[87], unter der Leonardo litt (denn er litt an ihr, so jedenfalls behauptet Freud), bindet das Unbewusste ab, benennt das Unbenennbare, versetzt den Homosexuellen in die Position einer Person gegenüber anderen Personen, in die Position eines unverantwortlichen Individuums, das zugleich für seine Unverantwortlichkeit verantwortlich ist. Die Fixierung an die Mutter ist die stärkste Kette, mit der das homosexuelle Begehren an die normale Welt gefesselt wird, das sicherste Mittel zu seiner Normalisierung. Sie hat einen Erfolg zu verzeichnen, der seit dem Aufkommen des Freudianismus nicht nachgelassen, ja der sich mit der extremen Popularisierung der psychoanalytischen Thematiken sogar noch bedeutend gesteigert hat. Der produzierte Homosexuelle braucht nun nur noch den Platz einzunehmen, den man ihm reserviert hat, er braucht nur noch die Rolle zu spielen, die man für ihn vorgesehen hat – und er tut es mit Begeisterung und kann gar nicht genug davon bekommen. Populär soll die analytische Erklärung sein? Ja, und dass Freud nur von einigen wenigen Spezialisten gelesen wird, heißt nicht, dass der Einfluss des Ödipus sich auf sie beschränkt. Auf die Frage ›Woher kommt die Homosexua-

---

[87] Freud, Eine Kindheitserinnerung des Leonardo da Vinci, S. 205.

lität?‹ gibt es neben der chromosomalen Erklärung nur eine einzige Art von Antwort: die der vulgarisierten Psychoanalyse.

Die beiden Antworten überschneiden sich jedoch. *France Dimanche* veröffentlichte 1972 eine Artikelserie über die Homosexualität, die anderthalb Monate lang ganze Familien in Atem hielt. Der Titel proklamierte: »Die Wahrheit über die Homosexualität – Artikel, die jede Mutter gelesen haben muss«.[88] Warum gerade die Mütter? Weil *France Dimanche* genau weiß, dass sie es sind, mit deren Hilfe sich die wirksamste Kontrolle der homosexuellen Libido verwirklicht, und dass es gut ist, wenn sich diese Kontrolle weiter verstärkt. Unter dem Zwischentitel »Die Verantwortlichen« schließt einer dieser Artikel: »Ein Schweizer Psychiater sagt es klar heraus: Für ihn sind in siebzig Prozent aller Fälle die Eltern verantwortlich für die Homosexualität der Kinder, vor allem die Mutter! ›*Betonen Sie nachdrücklich die Verantwortlichkeit der Mutter*‹, sagte er uns, ›*so überraschend das auch scheinen mag. Es gibt zu viele Mütter, die sich im Innersten wünschen, dass ihre Söhne Homosexuelle sind.*‹«[89] Eines der stärksten Ödipus-Argumente ist die elterliche Verantwortung als Waffe der universellen Verantwortung. »Ödipus ist zunächst die Idee eines paranoischen Erwachsenen, bevor er ein infantiles neurotisches Gefühl wird«, schreiben Deleuze und Guattari.[90] Paranoiker zeugen Neurotiker, die Heterosexualität gebiert die Homosexualität. Alles beginnt im Kopf des Vaters oder der Mutter, da ja schließlich alles irgendwo beginnen muss: Du wirst deine Mutter begehren, und deine Mutter wird für dich begehren. Dies war es ja schließlich auch, was du wolltest, als du an der Brust sogst – bloß wusstest du es damals noch nicht. Das Ich ist das wahre

---

88 Zwischen dem 15. Februar und dem 21. März 1972 (Ausgaben 1328–1333) erschien in dem Boulevardblatt *France Dimanche* eine sechsteilige Artikelserie, die mit ›La Vérité sur l'homosexualité en France‹ überschrieben war (Anm. d. Hrsg.).
89 Dritter Teil der Serie ›La Vérité sur l'homosexualité en France‹ in *France Dimanche* (Nr. 1330 vom 29. Februar 1972), Herv. i. O.
90 Deleuze/Guattari, Anti-Ödipus, S. 353.

Unbewusste des Begehrens, nicht etwa das Begehren das Unbewusste des Ichs.

Der homosexuelle Präsident

Wir haben Schreber bereits im ersten Kapitel behandelt; wir haben mit Freud in seinem Fall eine Paranoia zur Kompensation der nicht realisierten, aber unzureichend verdrängten homosexuellen Libido erkannt. Schreber ist gleichzeitig ein Paranoiker und ein Neurotiker, sein Wahn ist allgemein, insofern er seinen Inhalt zugleich mit seiner Deutung produziert. Die Schreber'sche Homosexualität wird bereits im Zuge ihrer Produktion in die Begriffe der ödipalen Schuldzuweisung übersetzt: Schreber, Weib Gottes, ist auch der Erlöser der Welt. Seine Verwandlung in eine Frau ist ein wundersames Opfer, durch das er die Welt rettet. Die Rechtfertigungsparanoia spannt das homosexuelle Begehren zwischen die beiden Extreme des Opfers und der Lust (*jouissance*)[91], der Erhebung zu Gott und der Hinnahme des niedrigsten gesellschaftlichen und sexuellen Status, jenes der Frau. Das Verhältnis zu dem Arzt Flechsig ist gleichzeitig ein Verhältnis der Angst und des Begehrens: Angst vor Vergewaltigung und Begehren danach. Die passive Homosexualität – d.h. die Homosexualität schlechthin – wird hier nur um den Preis der Kastration ausgelebt: Homosexuell zu sein, heißt, vom Vater kastriert worden zu sein. Der Homosexuelle empfängt seinen Sinn vom Phallus als dem Verteiler der Geschlechter. Kastrationsopfer, Sühnegeschenk der Virilität.

---

91 Der für die Lacan'sche Psychoanalyse zentrale Begriff *jouissance* wird im Allgemeinen mit ›Lust‹ oder ›Genießen‹ übersetzt, kann aber auch ›Orgasmus‹ bedeuten. Das dazugehörige Verb *jouir* bedeutet neben ›genießen‹ auch ›einen Orgasmus haben‹. Um diese Bedeutung kenntlich zu machen (und etwa von *plaisir* zu unterscheiden), wird in diesen Fällen stets der französische Ausdruck in Klammern beigefügt. Vgl. hierzu auch Nemitz, La jouissance (Anm. d. Hrsg.).

Die beiden äußeren Pole, die Schrebers Paranoia bilden, sind dieselben, die auch das heterosexuelle Verhältnis organisieren: die Frau ist in ihm Göttin oder Hausfrau, Archetyp oder Sexualobjekt. Schreber lebt seine Homosexualität so, wie sich ein Heterosexueller vorstellt, dass man sie leben könne. In gewisser Weise verfestigt auch Sartres Genet (denn Genet ist von Sartre, wie Schreber von Freud ist) die Opferrolle der passiven Homosexualität. Die zu Rosen verwandelten Ketten in Genets Roman *Miracle de la Rose* verdeutlichen genau diese Verbindung zwischen dem Sublimen und dem Entsetzlichen; man opfert nur, was man hochschätzt. Die Homosexualität erhält Absolution durch die absolute Gabe (*don absolu*). Das totale Opfer, wo Genießen (*jouir*) von nun an das Verbotene ist. Sartre bemerkt über Divine (in Genets *Notre-Dame-des-Fleurs*), dass er derjenige sei, der im Verborgenen genießt (*va jouir en cachette*). Hier liegt Divines einziges kleines Geheimnis: Sein Ödipus ist die Erlösung durch Erniedrigung. Letztlich handelt es sich um eine erleuchtete Homosexualität, in der Gott nach vorherigen Initiationsprüfungen sein Urteil ausspricht: Für den Abbé Oraison ist die Homosexualität ein Zeugnis Gottes, genauer: Sie offenbart Gott durch ihre Erniedrigung. Als solche ist sie dem Herzen Gottes lieb und teuer, sie ist gleichsam der zweite Heiland.

In gleicher Weise ist Thomas Manns Aschenbach hin- und hergerissen zwischen einem verfaulenden Venedig und der Erinnerung an seine Vorfahren: »Auf welchen Wegen! dachte er dann mit Bestürzung. Auf welchen Wegen! Wie jeder Mann, dem natürliche Verdienste ein aristokratisches Interesse für seine Abstammung einflößen, war er gewohnt, bei den Leistungen und Erfolgen seines Lebens der Vorfahren zu gedenken, sich ihrer Zustimmung, ihrer Genugtuung, ihrer notgedrungenen Achtung im Geist zu versichern.«[92] Aschenbach gehört der Herrenrasse an, er erlebt diese Angehörigkeit als eine Abstammungsparanoia, was seinem Opfer an Tadzio einen umso höhe-

---

[92] Mann, Der Tod in Venedig, S. 74.

ren Rang verleiht. Er, der völlig in seinem Verhältnis zu seinem Ansehen und seinen Ahnen befangen ist, nimmt es hin, in die schlimmste aller Lagen wiedergeboren zu werden: in die des homosexuellen Alten, der einem Knaben nachläuft. Der Übergang von der höchsten Stellung zu jenem Stadium, in welchem das Sexualobjekt in vergöttlichter Form total herrscht – das ist die homosexuelle Himmelfahrt. Aschenbachs Leidenschaft wählt den Weg, die Form der klassischen Kultur, der griechischen Skulptur und des Platon-Zitats anzunehmen. Sie verklärt somit die gesühnte Lage des Homosexuellen, und ebenso wie die Ketten Genets zu Rosen werden, verwandelt sich Aschenbach: »Zurückgelehnt, mit hängenden Armen, überwältigt und mehrfach von Schauern überlaufen, flüsterte er die stehende Formel der Sehnsucht, – unmöglich hier, absurd, verworfen, lächerlich und heilig doch, ehrwürdig auch hier noch: ›Ich liebe dich!‹«[93] Das Heilige gewinnt sein volles Gewicht im Durchgang durch das Begehren. Die Liebe der Homosexuellen ist umso wunderbarer, als sie schwierig ist, was Proust in seinem *Gegen Sainte-Beuve* so ausdrückt: »Die Natur, so wie sie es bei manchen Tieren, bei manchen Blumen macht, bei denen die Liebesorgane so schlecht angebracht sind, daß sie fast niemals die Lust empfinden, hat sie im Hinblick auf die Liebe nicht verwöhnt.«[94] Die homosexuellen Begegnungen werden zum wahrhaftigen Wunder, in dem sich ein prachtvolles und verfluchtes Schicksal offenbart.

Diese hier gegebene Interpretation jener Wahnvorstellungen ist freilich nur diejenige, die sie selbst herausfordern. Zu Recht bemerken die Autoren des *Anti-Ödipus*, dass Schrebers Phantasma – die Sonne, deren Strahlen in die neue Jungfrau eindringen – nur dann auf ein Vaterbild zurückgeführt werden kann, wenn man zuvor die Kosmologie des Begehrens auf das platte Niveau einer Familienphantasie hinabgedrückt hat. Doch da das homosexuelle Begehren hier allzu sichtbar ist, da seine

---

[93] Ebd., S. 68f.
[94] Proust, Gegen Sainte-Beuve, S. 302.

gesellschaftliche Erscheinung den ödipalen Mantel unbedingt braucht, sind jene Wahnvorstellungen zugleich auch ihre eigene Interpretation. Balzacs Vautrin zieht Rubempré aus dem Nichts hervor, er gibt ihm seinen gesellschaftlichen Status, wie Francis Pasche in seinem Aufsatz *Struktur und Ätiologie der männlichen Homosexualität* erklärt. Er schreibt: »Man hat den Eindruck, dass es Vautrin darum ging, das Werk Gottes, d. h. die Schöpfung des Vaters, zu korrigieren, neu zu schaffen, zu durchkreuzen, zu parodieren und schließlich zu zerstören.«[95] Die Homosexualität ist eine Parodie, sie ist der Judas des ödipalen Christentums. Dies ist ihre alleinige gesellschaftliche Stellung. Ein Gerichtspräsident kann nur homosexuell werden, wenn er in der Drift des Begehrens (*dérive du désir*) durch die Fixierung auf den Vater fest vertäut ist. Keine Perversion ohne Scham.

Der Teufelskreis der Heilung

Es kommt also nicht einmal so sehr darauf an, ob man mit Jungs Geschlechtsverkehr hat oder nicht, sondern ob man ein guter Homosexueller ist. ›Wenn ihr nicht sublimiert, so seid euch eurer Verworfenheit bewusst! Wisset, dass es einen Himmel und eine Hölle der Sexualität gibt, und wenn ihr selbst die Hölle wählt, so ist es eure eigene Schuld.‹ Die ödipale Psychiatrie schließt die Homosexualität, um sie besser zu binden, in ein Hohes und ein Niedriges ein, in ein Heilen und ein Nicht-Heilen, eine perverse und eine neurotische Homosexualität, die sich wechselseitig entsprechen.

Man soll nicht glauben, dass die Ideologie der Heilung verschwunden sei. Sie ist vielmehr die eine der beiden konstanten Seiten der Alternative, ohne die die andere Seite ihren Sinn verlöre. Die Ärzte betreiben weiterhin die Heilung der Homo-

---

[95] Pasche, Note sur la structure et l'étiologie de l'homosexualité masculine, S. 352.

sexualität, ungeachtet der Ideen, die sich der Liberalismus zu der Frage macht.[96] Alfred Adler, der die wahre amerikanische Analysepraxis repräsentiert, schreibt am Ende seines Buches: »*Heilungen und Besserungen* gelingen durch psychische Beeinflussung. Man soll in älteren Fällen nicht leichte Arbeit erwarten.«[97] Hatte er nicht vorher schon vermerkt: »Die ungleich zahlreicheren Fälle von ›überstandener Homosexualität‹ hatte man vergessen«[98]? Die Heterosexualität muss das verbotene, aber stets gegenwärtige Eden bleiben, der Traum einer vollkommenen gesellschaftlichen Versöhnung. »Aus unserer Darstellung geht zur Genüge hervor, daß die Homosexualität einen *Fehlschlag* bedeutet *in der Erziehung zum Mitmenschen.*«[99] Die heterosexuelle Ideologie braucht beides zugleich: eine angeborene oder perverse Homosexualität und eine krankhafte Homosexualität. Schicksal und Verschulden koexistieren.

Gesund zu werden heißt, seinen Ödipus anzunehmen; nicht gesund zu werden heißt, seine Homosexualität anzunehmen und damit auf andere Art wiederum seinen Ödipus. Dieselbe Thematik wird in der populären Untersuchung von *France Dimanche* aufgegriffen; der Artikel in der Nr. 1333 trägt den Titel: »Ja, die Ärzte können die Homosexuellen heilen«.[100] Es ist möglich, so wird uns da erklärt, mittels psychologischer Behandlung ein Drittel der Homosexuellen zu heilen. Die Homosexualität erbt mithin die Einsperrungs-Qualitäten des Ödipus, sein Spiel des *double bind*: Die beiden Enden werden

---

96 Heilung durch Kastration, wie sie in den USA praktiziert wird (vgl. Duffy, Sex and Crime), durch Elektroschocks, durch Hormon-Injektionen, durch Chemotherapie, durch Lobotomie und schließlich vor allem durch Verhaltenstherapie (›Belohnungen‹ und ›Strafen‹ mittels Injektionen oder Elektroschocks bei der Vorführung von Nacktfotos), vgl. Sólyom/Miller, A differential conditioning procedure.
97 Adler, Das Problem der Homosexualität, S. 87, Herv. i. O.
98 Ebd., S. 80.
99 Ebd., S. 87, Herv. i. O.
100 Letzter Teil der Serie ›La Vérité sur l'homosexualité en France‹ in France Dimanche (Nr. 1333 vom 21. März 1972).

so zusammengeknüpft, dass als Ausweg nur die Übertretung oder der Gehorsam übrig bleiben. Wer die Homosexualität akzeptiert, erkennt ›die Probleme des Homosexuellen‹ an, die ihm die gesellschaftliche Vorstellung zwangsweise unterstellt; wer sie ablehnt, akzeptiert sich selbst als normal.

Die reaktionäre Psychiatrie denunziert den, der die Heilung ablehnt, als Perversen; die liberale Psychiatrie beklagt diejenigen, die sich nicht annehmen können. *France Dimanche* bietet uns beides in einem: Ja, man kann die Homosexuellen heilen; ja, es ist besser, sich anzunehmen, als vor sich selbst zu fliehen. Doch gleichgültig, ob man sich annimmt oder vor sich selbst flieht, man bleibt immer man selbst. Wenn du dich annimmst, wirst du deiner Mutter Freude bereiten, aber deinen Vater verärgern. Und wenn du dich nicht annimmst, ist es umgekehrt. Vater und Mutter sitzen bereits auf zwei verschiedenen Spitzen des Dreiecks, es gilt also schleunigst die dritte zu besetzen. Du hast bereits deinen festen Platz im Imaginären, du brauchst bloß noch die Seiten deines Dreiecks zu durchlaufen. So wird die simpelste aller Charakterlehren wahr: Du bist ein femininer Typ, also wirst du sensibel sein, Künstler oder Friseur, je nach Klassenlage, denn jede Gruppe besitzt ein ihren Möglichkeiten entsprechendes Imaginäres. Oder aber, falls du zu dieser Rolle nicht fähig bist, bitte schön: die Neurose. Dann weißt du nicht mehr, wer du bist, begehrst aber, jemand zu sein. »Das ist innerhalb der Differenzierungsfunktion des Inzestverbots die Herrschaft des *Entweder ... oder*: das da ist Mama, die anfängt, das ist Papa und das bist Du. Bleib ja auf deinem Platz.«[101] Der Homosexuelle, potenziell schuldig in den Augen des Gesetzes, ist potenziell krank in den Augen der Psychiatrie. Soll er also wissen, dass sein Schicksal von seiner Fähigkeit abhängt, sein Bedauern darüber zu bekunden, dass er nicht heterosexuell ist, von seiner Gewissheit, eine rühmliche und bejammernswerte Ausnahme zu sein.

---

101 Deleuze/Guattari, Anti-Ödipus, S. 96, Herv. i. O.

Scham und Homosexualität

Es genügt nicht, zu sagen, dass Scham und Homosexualität eng zusammenhängen. Diese existiert überhaupt nur in der Bewegung jener. Wenn Proust jenen berühmten Text, den er zweimal aufgenommen hat (in *Gegen Sainte-Beuve* und am Anfang von *Sodom und Gomorra*), mit dem Titel ›*La race maudite*‹, (›Das verfluchte Geschlecht‹) versieht, so erkennt man deutlich, was ihn dazu veranlasst hat, den ursprünglichen Titel ›*La race des tantes*‹ (›Das Geschlecht der Tunten‹) abzuändern: Für das breite Publikum ist die Homosexualität das Konzentrat des kleinen schambesetzten Geheimnisses des Ödipus.

Immer noch fokussiert sich das kollektive Imaginäre auf die großen Sittenprozesse, auf die skandalösen Enthüllungen in den dafür vorgesehenen Zeitungsrubriken. Ein Schriftsteller wie Roger Peyrefitte verlängert diese Klatsch-Tradition aufs Trefflichste. Auf diesem Niveau ist das Imaginäre der Homosexualität so weit von den unmittelbaren Praktiken des Begehrens entfernt, dass es niemandem, der diese Praktiken in Schule oder Armee selbst kennengelernt hat, in den Sinn kommen würde, einen Zusammenhang herzustellen, sich selbst gar für zugehörig zu halten zu einem »Geschlecht, auf dem ein Fluch liegt, ein Geschlecht, das in Lüge und Meineid leben muß, da es weiß, daß für sträflich und schmachvoll, für ganz uneingestehbar gilt, was sein höchstes Verlangen ist und als solches für jedes andere Geschöpf die größte Beseligung des Daseins bedeuten würde«.[102] Die Homosexualität ist nicht mehr ein Libidoverhältnis, sondern eine ontologische Stellungnahme. Der Proust'sche Homosexuelle, wie er in *Sodom und Gomorra* beschrieben wird, lebt in der Komplizenschaft, die die Abnormen unter sich pflegen. Das Imaginäre des Spiegelstadiums (*l'imaginaire du miroir*) verschleiert alle gesellschaftlichen Beziehungen: »Freunde ohne Freundschaft trotz der Gefühle, die ihr oft anerkannter Zauber anderen einzuflößen vermag und die

---

[102] Proust, Sodom und Gomorra, S. 28.

ihr oft sogar gutes Herz selbst verspüren könnte; aber kann man als Freundschaft Beziehungen bezeichnen, die auf einer Lüge aufgebaut sind und aus denen nach dem ersten Ausbruch von Vertrauen oder Aufrichtigkeit, zu dem sie sich etwa versucht fühlten, man sie mit Abscheu wieder entlassen wird, wofern sie nicht mit einem unparteiischen, ja sogar ihnen sympathisch gegenüberstehenden Geist zu tun haben, der aber dann, durch eine konventionelle Psychologie geblendet, gerade aus dem eingestandenen Laster bei ihnen jene Art der Zuneigung ableiten muß, die ihm die allerfremdeste ist, ebenso wie gewisse Richter einen Mord leichter bei Invertierten voraussetzen und verzeihen und den Tatbestand des Verrats bei Juden aus Gründen annehmen, die sie aus der Erbsünde und schicksalhaften rassischen Bedingtheiten ableiten?«[103] Der Homosexuelle existiert zuerst in der Paranoia des Normalen; der Richter weiß, dass er schuldig ist, wie der Arzt weiß, dass er krank ist.

»Narzißmus?«, schreibt Sartre. »Sicher: aber der Narzißmus ist ebensowenig primär wie der Hochmut oder die Päderastie. ›Man muß zuerst schuldig sein.‹«[104]

Der Mythos vom ›verfluchten Geschlecht‹ und der Mythos des Narzissmus befruchten sich gegenseitig. In Prousts *Gegen Sainte-Beuve* findet sich das bewundernswürdige Portrait jenes »Jungen [...], über den sich seine Brüder und seine Familie lustig machten und der allein am Strand spazierenging [...]. Zu rein noch, um zu glauben, daß es ein dem seinen vergleichbares Verlangen anderswo als in den Büchern geben könne, ohne den geringsten Gedanken, daß die Szenen der Ausschweifung, die wir damit verknüpfen, in irgendeiner Beziehung zu ihm stehen könnten, diese dabei auf dieselbe Ebene stellend wie Diebstahl und Mord«.[105] Wo Homosexuelle zusammentreffen, bilden sie eine geheime Brüderschaft, die nur an den Zeichen, die sie untereinander austauschen, erkennbar

---

103 Ebd.
104 Sartre, Saint-Genet, S. 123.
105 Proust, Gegen Sainte-Beuve, S. 310f.

ist und die für einige Augenblicke die Klarheit der gesellschaftlichen Beziehungen trübt. Diese Brüderschaft bewirkt, dass »dem Bettler an dem großen Herren, dem er den Wagenschlag schließt, dem Vater an dem Verlobten seiner Tochter, demjenigen, der Heilung oder seelische Entlastung in der Beichte oder Verteidigung vor Gericht erstrebt, in dem Arzt, dem Priester, dem Anwalt, den er aufgesucht hat, [diese Zeichen] untrüglich als solche erscheinen; alle sind genötigt, ihr Geheimnis zu wahren, während sie ihrerseits Teilhaber an dem Geheimnis der anderen sind«.[106] Der frühere Chef der Kriminalpolizei Louis Canler beschreibt 1862 in seinen Memoiren eine Typologie der Homosexuellen, in welcher »die Schändlichen« (*les honteuses*) folgendermaßen dargestellt werden: »Die Schändlichen vermeiden [...] alles, was sie erkennbar machen könnte. Und da sie im Übrigen wie jedermann gekleidet sind, könnte sie nichts verraten, gäbe es nicht ihre weibliche Stimme. Diese Kategorie setzt sich aus Personen aller Klassen der Gesellschaft zusammen, ohne Ausnahme.«[107]

Diese Brüderschaft kann sich wittern, sie ist für die Normalen unerträglich, weil sie sich eingesteht oder vielmehr sich bekennt. In jeder Beziehung zwischen dem Homosexuellen und seiner Umgebung steckt die Problematik des Geständnisses, eine schuldbesetzte Situation, da das Begehren hier Verbrechen ist und als solches erlebt wird. Und wie die Juden oftmals Antisemiten sind, so ist der Homosexuelle oftmals gegen die Homosexualität: »Man hörte aus diesen Worten heraus, daß Monsieur de Charlus die geschlechtliche Inversion für junge Männer als eine ebensolche Gefahr betrachtete wie für Frauen die Prostitution«.[108] Die Homosexualität ist ein Unbehagen am Sein (*mal d'être*), weil sie nicht fähig ist, ein Sein zu werden.

Die angeführten Stellen bei Proust sind eine Aufforderung, Charlus im Sinne des Ödipus zu lesen. Doch zugleich präsen-

---

[106] Proust, Sodom und Gomorra, S. 31.
[107] Canler, Memoires, S. 121.
[108] Proust, Sodom und Gomorra, S. 624.

tiert Prousts Werk im Zustand der Unleserlichkeit jene unorganisierten Anteile des Begehrens, die von seinem Verhältnis zu seiner *petite maman* verdeckt sind, aus dem – daran sei erinnert – Prousts Text über die Homosexualität in *Gegen Sainte-Beuve* hervorgegangen ist. Proust als Person und Autor ist es, der seiner Mutter schöne Geschichten erzählt, um ihr seine Homosexualität zu gestehen: *Gegen Sainte-Beuve* ist organisiert anhand einer ›Konversation mit Mama‹, in der Ödipus den Gipfel der Lächerlichkeit erreicht: »Ich bin nur noch ein schwaches, von Ängsten gequältes Wesen. Ich schaue Mama an, umarme sie. – ›Woran denkt mein kleines Dummerchen, an irgendeine Dummheit?‹«[109] – »›Ich wäre so glücklich, wenn ich niemanden mehr sehen müßte.‹ – ›Sag das nicht, mein kleiner Wolf.‹ – ›Meine Mama genügt mir.‹«[110]

Allerdings findet man neben diesem Familienroman des homosexuellen Geständnisses, diesem »niederträchtigen Wunsch, geliebt zu werden«[111], in der *Suche nach der verlorenen Zeit* auch das, was wir in Anlehnung an Deleuze und Guattari die ›Sprache der Blumen‹ nennen wollen. Wenn es nämlich stimmt, dass die Großmutter der Ödipus im Quadrat ist, so wird Charlus' Wort an den Erzähler: »Aber wir pfeifen auf unsere alte Großmutter, was?, kleiner Schlingel?«[112] zur Einführung in eine andere Lesart von *Sodom* – in jene nämlich, die den Text zu Beginn, wo Charlus Jupien umschwirrt wie ein Insekt die Blume, ganz ernst nimmt. Freilich kann man die Sprache der Blumen in gleicher Weise interpretieren wie Genets Rosen, als Verklärung des Niedrigen ins Sublime. Doch es ist der biologische Charakter dieser Liebe, der die Aufmerksamkeit des beobachtenden Proust fesselt, so wie der Anblick von Tieren bei der Paarung ein Kind zu fesseln vermag: »Ich wußte, daß ihre Erwartung [die der weiblichen Blüte] nicht passiver als die der männlichen Pflanze war, deren Staubfäden sich von selbst

---

[109] Proust, Gegen Sainte-Beuve, S. 67.
[110] Ebd., S. 109.
[111] Deleuze/Guattari, Anti-Ödipus, S. 83.
[112] Proust, Im Schatten junger Mädchenblüte, S. 465.

umkehrten, damit das Insekt auch ja den Pollen abstreifen könne.«[113] Und er präzisiert: »Meine Überlegungen waren in eine Richtung geraten, auf deren Schilderung ich später zurückkommen werde, und ich hatte aus der anscheinenden List der Pflanzen bereits eine Konsequenz für einen ganz unbewußten Teil des literarischen Schaffens gezogen«.[114] Jene Szene zwischen Charlus und Jupien ist jetzt nicht mehr komisch oder tragisch, sondern sie birgt – so Proust – »in sich eine Seltsamkeit oder – wenn man will – eine Natürlichkeit, die allmählich an Schönheit gewann«.[115] Und die Schönheit der Blicke, die Charlus und Jupien einander zuwerfen, kommt daher, dass sie »offenbar nicht dem Zweck unterstanden, etwas ›durchzuführen‹«.[116] Die List der Blumen besteht im nichtsignifikanten Charakter dieser Szene: Sie gewinnt ihre Evidenz aus sich selbst heraus. Der große phallische Signifikant fehlt hier völlig. Diese Blumen und Insekten haben überhaupt kein Geschlecht, sie sind die *Maschine* des sexuellen *Begehrens* selbst.

Keine Brüderschaft mehr, kein Geheimnis, lediglich ein Hof in der Nachmittagssonne.

Will man dem homosexuellen Begehren seinen ödipal-moralischen Mantel wegreißen, so muss man das beseitigen oder vielmehr beiseitelassen, was ›Autoren‹ wie Proust repräsentieren. Proust, Gide, Peyrefitte: Diese Abfolge ähnelt der Reihe Freud, Adler, *France Dimanche*. Proust bietet für die ödipale Reduzierung der Homosexualität und der homosexuellen Sensibilität ebenso viel wie Freud für die Analyse der Homosexualität, für ihr ›Verständnis‹. Beide bringen das weder Sinn noch Verstand besitzende Begehren und seine Kopplungen (*branchements*) zum Vorschein. Beide kennen auch das Geheimnis der Diskurse, durch die es sich in der Vielzahl ödipaler Netze einfangen lässt. Und wenn Proust auch wohl einer der

---

113 Proust, Sodom und Gomorra, S. 11.
114 Ebd., S. 12.
115 Ebd., S. 14.
116 Ebd., S. 15.

Ersten war, der von einer homosexuellen Bewegung gesprochen hat, so schloss er doch das erste Kapitel von *Sodom und Gomorra* mit der Warnung: »Hier sollte nur im Voraus dem verhängnisvollen Irrtum begegnet werden, den es bedeuten würde, wenn man in der gleichen Weise, wie man eine zionistische Bewegung unterstützt hat, eine sodomitische Bewegung ins Leben rufen und Sodom wieder aufbauen wollte.«[117] Eine Warnung vor dem, was die Entfesselung des Begehrens bedeuten könnte, aber auch der Hinweis: nicht nötig, ein verlorenes Vaterland wieder aufzubauen, eine perverse Territorialisierung des Begehrens, in welcher Form auch immer! Proust ist zweideutig, wie es der Narzissmus war; er öffnet den Weg zum verfluchten Geschlecht ebenso wie zur Befreiung.

---

117 Ebd., S. 52.

III. Familie, Kapitalismus, Anus

Die wichtigsten ideologischen Begriffe, in denen die Homosexualität gedacht wird, stammen aus der Zeit um 1900. Homosexualität hängt demnach mit dem fortgeschrittenen Kapitalismus zusammen, allerdings nicht mechanisch. Homosexualität ist die perverse Reterritorialisierung in einer Welt, die zur Deterritorialisierung neigt. Doch was sie auf axiomatischer Basis rekonstruiert, zielt darauf ab, gescheiterte Codierungen zu ersetzen. Vom Höllenfeuer gerät man in die Hölle der Psychologie. Die stärkste Waffe der kapitalistischen Ideologie ist die Verwandlung des Ödipus in gesellschaftliche Natur, die Internalisierung der Unterdrückung, die es ihr gestattet, sich unter egal welcher politischen Fahne wieder zu formieren. Die antikapitalistische Bewegung kann sehr wohl familialistisch, ja sogar anti-homosexuell sein. Die Literatur zur Verteidigung der Homosexualität nähert sich ihrem Gegenstand im Allgemeinen über die Griechen: Der Rückgriff auf eingebildete Ursprünge eignet sich für eine perverse Reterritorialisierung. Aus der heutigen Perspektive gibt es keine Gesellschaft mehr, in der man einen freien Ausdruck des homosexuellen Begehrens finden könnte, der sich der gegenwärtigen Gesellschaft entgegenstellen ließe. Nach der kapitalistischen Decodierung gibt es nur noch einen einzigen Ort für die Integration der Homosexualität: den ihrer Axiomatisierung als Perversion.

Die Familie steckt immer weniger in den Institutionen und immer mehr in den Köpfen. Die Familie ist der Ort der legalen sexuellen Lust (*jouissance sexuelle*), allerdings nicht mehr in jenem Sinne, dass jeder heiratet, um gesetzeskonform zu genießen (*jouir dans la loi*): Die faktische Auflösung der Familienfunktionen durch den Kapitalismus hat die Exklusivitätsfunktion der reproduktiven Heterosexualität keineswegs abgeschafft, sondern hat aus ihr die von jedem Individuum der freien Konkurrenz gestützte Norm gemacht. Das Individuum ersetzt die Familie nicht, sondern setzt ihr kleines Spiel weiter fort. Die Decodierung der Lustströme (*flux de la jouissance*) geht mit der Axiomatisierung der Lust einher, ganz wie die Auflösung der Handwerkerzünfte und die Entdeckung des Arbeitswerts mit dem Privateigentum an Produktionsmitteln einherging.

Hier löst sich die Scheinantinomie einer Gesellschaft auf, die als zunehmend sexualisiert gilt und doch auf intimere Weise als jede andere Gesellschaft repressiv ist. Diese Sexualisierung wird unter das Zeichen der Schuld und der Übertretung gesetzt, insbesondere für die Homosexualität. Das Begehren wird umso mehr in Anspruch genommen, je weniger Ausdrucksmöglichkeiten ihm gelassen werden, und nie zuvor ist eine solche Menge an Bildern an es angeschlossen worden. Die Werbung vervielfacht die nackten Körper schöner Jünglinge, womit sie jedoch nur sagt: Das, was begehrt wird, ist bereits als warenförmige Übertretung (*transgression marchande*) gedeutet worden. In zahllosen Diskussionen werden die familialen Bedeutungen und die künstlichen Schuldzuweisungen täglich reproduziert, sogar unter marginalisierten Jugendlichen. Und der zweifelhafte Erfolg des Freudianismus in der Protestbewegung sagt genug über die Macht des schulderzeugenden Ödipus.

Wir sprechen hier vom ›homosexuellen Begehren‹ und von der perversen Situation der ›Homosexualität‹ im Sinne einer Alternative: Der gesellschaftliche Ausdruck des homosexuellen Begehrens ist pervers, während dieses Begehren selbst den unausgesprochenen Charakter der Libido bezeugt. Was Marcuse als die ansteigende Homosexualisierung in unserer Gesellschaft bezeichnete, ist der Umstand, dass sich diese Gesellschaft pervertiert, dass sich die Befreiung in ihr umgehend reterritorialisiert. Das Auftreten des Begehrens als Unausgesprochenes ist zu destruktiv, um nicht flüchtig und alsbald einer vereinnahmenden Deutung ausgeliefert zu sein. Der Kapitalismus macht seine Homosexuellen zu misslungenen Normalen, ganz wie er seine Arbeiter zu falschen Bourgeois macht. Mehr als alle anderen bekunden die falschen Bourgeois die Werte der Bourgeoisie (in der proletarischen Familie), und die misslungenen Normalen betonen die Normalität und übernehmen ihre Werte für sich (Treue, Liebesverhalten etc.).

Das homosexuelle Begehren hat zwei Seiten: die des Begehrens und die der Homosexualität. ›Wachsende Homosexualisierung‹ gibt es nur in dem Sinne, dass die Einschließung des Begehrens in das Spiel der Bilder besser funktioniert. Es ist durchaus wahr, dass die Welt unserer gesellschaftlichen Beziehungen zu großen Teilen auf der Sublimierung der Homosexualität errichtet ist. Die gesellschaftliche Welt beutet das homosexuelle mehr als jedes andere Begehren aus, indem sie die Kraft seiner Libido in ein Repräsentationssystem umwandelt. Der Angriff auf die Repräsentationen, die Suche nach der von ihrer moralischen Bekleidung befreiten Libido-Energie ist in Bezug auf die Homosexualität nur möglich, wenn man aufdeckt, wie die gesellschaftliche Ideologie mit der Kraft eines Begehrens zusammenstößt, das sich, wie bei Prousts Charlus und Jupien, zusammenfügt, das keinen Raum und keine Spalte offenlässt, durch die die Deutung eindringen könnte: Das kann die Gesellschaft nicht verkraften.

Was wir mit dem Terminus des homosexuellen Begehrens bezeichnen, umfasst also zwei Seiten: einen Aufstieg zur Sublimierung, zum Über-Ich, zur sozialen Angst, und einen Abstieg zu den Abgründen des nicht-personalisierten und nicht-kodifizierten Begehrens. Und man sollte es wagen – genau im Gegensatz zu Gide –, den Hang hinabzusteigen, bis auf den Grund. Diese Seite des Begehrens ist die der gesetz- und regellosen Verkoppelung der Organe.

Der signifikante Phallus und der sublimierte Anus

In der Welt der ödipalisierten Sexualität gibt es keine freien Verkoppelungen der Organe untereinander mehr, keine unmittelbaren Lustverhältnisse (*rapports de jouissance*). Es gibt nur noch ein Organ, ein einziges Geschlechtsorgan, das im Mittelpunkt der ödipalen Triangulierung steht als das *Eine*, das den drei Elementen des Dreiecks ihren Platz zuweist. Es konstruiert den Mangel, es ist der despotische Signifikant[118], in Hinblick auf den die Situationen der ganzen Personen sich herausbilden. Es ist jenes abgelöste vollständige Objekt, das in der Sexualität unserer Gesellschaft dieselbe Rolle wie das Geld in der kapitalistischen Ökonomie spielt: der Fetisch, die wirkliche allgemeine Referenz des Handelns, im einen Falle des ökonomischen und im anderen des begehrenden. In Hinblick auf ihn verteilen sich Abwesenheit und Anwesenheit: Penisneid beim kleinen Mädchen und Kastrationsangst beim kleinen Jungen. Das ›Geschlecht‹ ist für jeden zunächst einmal ein Wort zur Bezeichnung des Phallus. Diese Gesellschaft ist phallisch und im Verhältnis zum Phallus bestimmt sich die Quantität der möglichen Lust (*jouissance*). Die sexuellen Handlungen orientieren sich an einem Ziel, das ihnen ihren Sinn verleiht; sie gliedern sich in vorbereitende Zärtlichkeiten, die sich schließlich alle auf die notwendige Ejakulation ausrichten, den Prüfstein der Lust (*jouissance*). In diesem Sinne ist das Verhältnis zwischen Charlus und Jupien in der Tat ›ziellos‹. Der Phallus zieht die Libidoenergie auf sich wie das Geld die Arbeit.

Die Gesellschaft ist so sehr phallisch, dass der Geschlechtsakt ohne Ejakulation als Versagen erlebt wird. Was kümmert es schließlich den Mann, wenn die Frau – wie es oft geschieht – gefühllos bleibt und überhaupt keine Lust (*jouissance*) empfindet? Die phallische Lust (*jouissance*) ist die *raison d'être* der Heterosexualität – und zwar für beide Geschlechter.

---

118 Vgl. Deleuze/Guattari, Anti-Ödipus, S. 93f.

Die Gesellschaft ist phallokratisch, da alle gesellschaftlichen Beziehungen nach Art jener Hierarchie aufgebaut sind, in welcher sich die Transzendenz des Großen Signifikanten ausdrückt. Der Schulmeister, der General, der Büroleiter, sie alle sind der Vater-Phallus, denn alles ist nach der Art jener Pyramide organisiert, in welcher der ödipale Signifikant die Ebenen und die Identifikationen verteilt. Der Körper ist auf den Phallus ausgerichtet wie die Gesellschaft auf den Chef: Auch diejenigen, denen der Phallus fehlt, und diejenigen, die gehorchen, gehören noch dem Reich des Phallus an. Dies ist der Triumph des Ödipus.

Ist der Phallus wesentlich gesellschaftlich, so ist der Anus wesentlich privat. Um Transzendenz des Phallus, gesellschaftliche Organisierung durch den Großen Signifikanten entstehen zu lassen, muss der Anus in individualisierten und ödipalisierten Personen privatisiert werden. »Das erste Organ, das privatisiert und aus dem gesellschaftlichen Feld ausgegrenzt wurde, war der After. Er gab das Modell für die Privatisierung ab, während gleichzeitig das Geld die neue Abstraktionsstufe der Ströme zum Ausdruck brachte.«[119] Für den Anus gibt es keinen anderen gesellschaftlichen Ort als den der Sublimierung. Die Funktionen dieses Organs sind wahrhaft privat, sind der Ort der Herausbildung der Person: Der Anus bringt die Privatisierung schlechthin zum Ausdruck. Die psychoanalytische Geschichte (und man kann sich nicht enthalten, in ›psychoanalytisch‹ das Wort ›anal‹ zu entdecken) nimmt an, dass die anale Phase überwunden werden muss, um zur Genitalphase zu gelangen. Doch die anale Phase ist notwendig, um die Ablösung des Phallus zu organisieren. Im Grunde genommen gibt es beim Anus keine Sublimierung wie bei anderen Organen, also in der Form, dass er vom Niedersten zum Höchsten überführt würde. Analität ist vielmehr die Bewegung der Sublimierung selbst.

Die anale Phase ist die, in der sich die Persönlichkeit herausbildet, erklärt Freud. Der Anus erfüllt keine gesellschaft-

---

119 Deleuze/Guattari, Anti-Ödipus, S. 181.

liche Begehrensfunktion mehr, da alle seine Funktionen nur noch exkrementeller, also vor allem privater Art sind. Die große kapitalistische Decodierung geht mit der Herausbildung des Individuums einher, und das Geld, das persönlich besessen werden muss, um zirkulieren zu können, hängt aufs Engste mit dem Anus zusammen, da er das Allerintimste des Individuums ist. Die Herausbildung der Privatperson als individuell und schamhaft ist ›anal‹, die Herausbildung der öffentlichen Person dagegen ›phallisch‹. Der Anus hat keinen Anteil an der Zweideutigkeit des Phallus, an dessen doppelter Existenz als Penis und als Phallus. Gewiss ist es schambesetzt, seinen Penis zu zeigen, doch zugleich ist es auch rühmlich, insofern es mit dem großen gesellschaftlichen Phallus in Zusammenhang steht. Alle Männer haben einen Phallus, der ihnen eine gesellschaftliche Rolle sichert; jeder Mensch hat einen Anus, ganz für sich, im tiefsten Inneren seiner Person verborgen. Der Anus steht in keiner Beziehung zur Gesellschaft, eben weil er das Individuum konstituiert und gerade dadurch die Trennung zwischen Individuum und Gesellschaft erlaubt. Schreber ist höchstgradig versehrt, als er nicht mehr allein scheißen kann. Man scheißt nicht in Gesellschaft. Die Toilette ist der einzige Ort, an dem jeder mit sich allein ist, hinter verschlossener Tür. Es gibt keine Pornografie des Anus (abgesehen von anti-sozialen Ausnahmen). Der Anus ist individuell überbesetzt, weil er gesellschaftlich unbesetzt ist.

Alle auf den Anus gerichtete Libidoenergie wird umgeleitet, um das gesellschaftliche Feld nach dem Muster der Privatperson und der Sublimierung zu organisieren. »Ödipus in seiner Gänze ist anal«[120], und es entsteht umso mehr gesellschaftliche Analität, je weniger es einen begehrenden Gebrauch des Anus gibt. Deine Exkremente gehören dir und nur dir allein: Sieh zu, wie du damit fertig wirst! Der Anus spielt für die Organe jene Rolle, die der Narzissmus für die Herausbildung des Individuums gespielt hat. Er ist die Energiequelle, aus der das gesell-

---

[120] Ebd., S. 182.

schaftliche Sexualsystem hervorgegangen ist, samt der Unterdrückung, die es über das Begehren herrschen lässt.

Homosexualität und Anus

Man wird einwenden, dass die Homosexuellen nicht die Einzigen seien, die vom Anus einen begehrenden Gebrauch machen. Wir haben anti-soziale Ausnahmen erwähnt: Henry Bataille ist, wenngleich heterosexuell, einer von denen, die das besonders stark Verdrängte dieser Zone des bürgerlichen Körpers zu empfinden vermochten. Freilich kann Bataille nicht als angemessener Ausdruck der gesellschaftlichen Sexualität angesehen werden, eher als ein Ausdruck ihrer äußersten Grenze. Keine anale Pornografie, sagten wir: Gewiss, die heterosexuelle Pornografie hält große Stücke auf den weiblichen Hintern. Doch wenn Hintern und Brüste der Frau etwas Volles sind, mit dem sich der Mann die Hände füllt, so bleibt der Anus doch eine intime Leere, der Ort einer geheimnisvollen und persönlichen Produktion, der Produktion von Exkrementen.

Der begehrende Gebrauch, den der Homosexuelle vom Anus macht, ist, wenn nicht der ausschließliche, so doch der vorrangige. Die Homosexuellen sind die Einzigen, die diesen Bereich beständig libidinös gebrauchen. Abgesehen vom Gesicht ist der einzige Körperbereich des Charlus, über den wir etwas wissen, eben genau jener, wenn nämlich Jupien zu ihm sagt: »Sie sind aber hinten gut versorgt!«[121] Und man muss sagen, dass die Verwandlung des Barons, die sich in diesem Augenblick in unserem Geist vollzieht, noch um vieles bedeutender ist als alles, was die psychologischen Feinheiten des Proust'schen Portraits sonst bewerkstelligen konnten. Das homosexuelle Begehren stellt die Sublimierung der Analität in Frage, weil es den begehrenden Gebrauch des Anus wiedereinführt. Schreber kann genau in dem Augenblick nicht mehr scheißen, in dem sein

---

[121] Proust, Sodom und Gomorra, S. 21.

Widerstand gegen die eigene homosexuelle Libido teilweise nachlässt. Die Homosexualität ist in erster Linie die anale Homosexualität, die sogenannte ›Sodomie‹.

Ferenczi macht am Ende seines Artikels *Zur Nosologie der männlichen Homosexualität* eine Bemerkung von großer Tragweite: »Die Ursache der Ächtung *jeder Art* Zärtlichkeit unter Männern ist unaufgeklärt. Es ist denkbar, daß der in den letzten Jahrhunderten so besonders erstarkte Reinlichkeitssinn, d. h. die *Verdrängung der Analerotik*, die stärksten Motive dazu geliefert hat; steht doch die Homoerotik, und zwar auch die sublimierteste, mit der Päderastie, d. h. einer analerotischen Betätigung in mehr oder minder unbewußter assoziativer Verbindung.«[122] In den Verhältnissen zwischen Männern gibt es eine gewisse ›Art Zärtlichkeit‹ – wir würden eher sagen: eine gewisse Begehrensbeziehung –, die ihrer sublimierten Form, der Freundschaft, entgegengesetzt ist und von der analen Reinlichkeit verboten wird. Die anale Reinlichkeit ist beim Kind die Herausbildung der kleinen verantwortlichen Person, und zwischen privater Sauberkeit (*propreté privée*) und Privateigentum (*propriété privée*) besteht ein Zusammenhang, der hier nicht bloß assoziativ, sondern notwendig ist. Es ist ebenfalls Ferenczi, der in seinem 1911 erschienenen Artikel *Reizung der analen erogenen Zone als auslösende Ursache der Paranoia* den Fall eines 45-jährigen Bauern analysiert, dessen gesellschaftliche Rolle durch außergewöhnlichen Eifer geprägt war: Der Mann zeigte großes Interesse für die Angelegenheiten seiner Gemeinde und spielte eine wichtige Rolle in ihr. Nach einem chirurgischen Eingriff aufgrund einer Mastdarmfistel brachte er jedoch keinerlei Interesse mehr für die Angelegenheiten des Dorflebens auf und verfiel einem paranoischen Verfolgungswahn. Die Beziehung zwischen Paranoia und Homosexualität brachte Ferenczi nun zur Überlegung, dass die »notwendig gewordenen Manipulationen von Männern (Ärzten) am Mastdarm bislang latent gewesene oder sublimierte homo-

---

[122] Ferenczi, Zur Nosologie der männlichen Homosexualität, S. 196, Herv. i. O.

sexuelle Neigungen des Patienten [...] entfacht haben konnten«.[123] Die Paranoia entspringt dem Wiederauftreten der homosexuellen Libido, die bis zu diesem Augenblick durch die Freundschaft zu den Männern des Dorfes und die bedeutende Rolle in der Öffentlichkeit tadellos sublimiert worden war. Ferenczi folgert daraus, dass das Verschwinden der Analfixierung zur Heilung des Patienten führen würde, also dazu, dass er »seine Sublimierungsfähigkeit (Fähigkeit zur vergeistigten Homosexualität: Freundschaft, Gemeinsinn) wiedergewinnen kann[, *statt seine homosexuellen Interessen in Form einer krassen, wenn auch unbewussten Perversion auszuleben*]«.[124] Die ›Perversion‹ ist hier umso krasser, als sie in der Phantasie mit Exkrementen beschmutzt erscheint – sogar für jemanden wie Ferenczi.

Der homosexuelle Analtrieb darf also nur in sublimierter Form zum Ausdruck kommen. Bei Schreber wie bei dem schwäbischen Bauern ist die Verdrängung der Begehrensfunktionen des Anus Voraussetzung für ihre bedeutende Rolle in der Öffentlichkeit, für die Bewahrung ihres Privatvermögens (*propres*, im juristischen Sinne), ihrer Individualität, ihrer analen Sauberkeit (*propreté*) und ihres Eigentums (*propriété*) (bei Schreber gibt es ein Problem der Lust (*jouissance*) am Familienbesitz: Das Eigentum der Familie wird durch die Tollheit des Präsidenten bedroht, kann letztlich aber doch bewahrt werden). Die Beherrschung des Anus ist die Bedingung für den Zugang zum Eigentum. ›An sich halten‹ und im richtigen Moment seine Exkremente abgeben zu können, ist ein notwendiger Be-

---

123 Ferenczi, Reizung der analen erogenen Zone, S. 284.
124 Ebd., S. 286. Der hier in eckigen Klammern und kursiv gesetzte Teil des Zitats stammt *nicht* von Ferenczi. Offensichtlich hat der französische Erstübersetzer des Texts ihn kurzerhand ergänzt, weil Ferenczi ihm nicht deutlich genug eine moralische Wertung vornimmt. Diese stark verzerrende Ergänzung ist jedoch offenbar nicht einmal den französischen Herausgebern von Ferenczis *Œuvres complètes* aufgefallen, so dass sie in deren 1968 erschienenem ersten Band unverändert abgedruckt wurde. Hocquenghem scheint sich über diese für Ferenczi untypische Wertung gewundert zu haben, konnte aber natürlich nicht ahnen, dass sie gar nicht von ihm stammt (Anm. d. Hrsg.).

standteil der Selbstkonstitution. ›Sich zu vergessen‹ ist gesellschaftlich das Lächerlichste und Ärgerlichste, dasjenige, was die menschliche Person am stärksten gefährdet; und als die absolute Erniedrigung gilt es unseren Zeitgenossen, wenn man im eigenen Kot leben muss, wozu einen nur Gefängnis oder Konzentrationslager zwingen können. ›Sich zu vergessen‹ heißt, sich in die Gefahr zu begeben, durch den Fluss der Exkremente hindurch der Undifferenziertheit des Begehrens zu begegnen.

Die Homosexualität gehört zum Anus wie die Analität zu unserer Zivilisation; Dr. Albert Moll, ein Schüler Krafft-Ebings, schreibt 1890 in *Die konträre Sexualempfindung*: »Männer, die zur passiven Päderastie geneigt sind, kommen oft schon in früher Jugend dazu zu onaniren, sie thun dies aber nicht nur in der Weise, dass sie am membrum Friction ausüben [am Glied reiben, d. Hrsg.], vielmehr geschieht es bei ihnen mitunter so, dass sie irgend einen Gegenstand in anum immitunt [in den Anus einführen, d. Hrsg.].«[125] Man beachte das »irgend einen«: Freilich ist das fragliche Objekt für Moll stets ein Phallusersatz, doch immerhin steckt darin so etwas wie die Anerkennung eines selbstständigen analen Orgasmus, der nichts mit der Ejakulation zu tun hat. Dieser anale Orgasmus existiert gesellschaftlich stets nur für kurze Augenblicke, wenn er eine vorübergehende Abnahme der schuldzuweisenden Unterdrückung für sich zu nutzen weiß.

Der Anus ist dermaßen gut versteckt, dass er gleichsam das Innerste des Individuums, seine ›Grundlage‹ ausmacht: Er ist das Eigentum des Individuums in jenem Sinne, in welchem der Großvater des Diebs in Georges Dariens Roman *Der Dieb* seinem Enkel erklärt: Dein Daumen gehört dir, du darfst also nicht an ihm lutschen, du musst gut auf das aufpassen, was dir gehört.[126] Dein Anus gehört dir sogar so sehr, dass du ihn nicht benutzen darfst: Bewahre ihn dir auf! Den Phallus

---

125 Moll, Die konträre Sexualempfindung, S. 106.
126 Vgl. Darien, Der Dieb.

kann man überall finden, die Vulgarisierung der Psychoanalyse hat ihn zum allgemein üblichen Signifikanten aller gesellschaftlichen Bilder gemacht. Doch wer dächte wohl daran, die Schreber'sche Sonne nicht als den Vater-Phallus zu interpretieren, sondern als einen kosmischen Anus?

Man sieht seinen Anus nur im Spiegel des Narzissmus, beim heimlichen *Tête-à-tête* (oder besser *tête-à-dos*) mit seiner eigenen kleinen Privatperson. Der Anus existiert nur in gesellschaftlicher Überhöhung und individueller Erniedrigung, hin- und hergerissen zwischen Exkrement und Poesie, zwischen dem scheußlichen schambesetzten kleinen Geheimnis und dem Sublimierten. Wir haben bereits darauf hingewiesen, dass der Homosexuelle dem gleichen Schicksal wie die Frau unterliegt: göttlich und zugleich erbärmlich zu sein. Auf eine solche Umwandlung der analen Libidoenergie in der paranoischen Maschine zu verzichten und damit den Verlust der Identität zu riskieren, heißt, die der Homosexualität aufgezwungenen perversen Reterritorialisierungen zu umgehen.

»Allein der Geist ist zu scheißen imstande«[127] – diesen Satz von Deleuze und Guattari verstehen wir in dem Sinne, dass nur der Geist Exkremente hervorbringen kann, dass nur die Sublimierung dem Analen seinen Ort zuweisen kann. Zwischen den Höhen, über die der Geist weht, und den Niederungen des Anus, zwischen dem Sublimen und dem Kot ist unsere anale Sexualität eingeschlossen. Auch da herrscht die Regel des *double bind*, jene simultane Produktion zweier sich widersprechender Botschaften, die jedoch durchaus zusammenpassen, wenn sie die Begehrensproduktion mit Erfolg unterbinden.

---

[127] Deleuze/Guattari, Anti-Ödipus, S. 182.

Homosexualität und Identitätsverlust

Das Geschlecht ist in Frankreich die erste Ziffer der nationalen Identifikationsnummer, jener effizienten Registrierung der modernen Welt. Die Neurose besteht zuallererst in der Unmöglichkeit zu wissen, ob man Mann oder Frau ist, Elternteil oder Kind – was keineswegs dasselbe ist wie unschuldiges Unwissen. Und auch die Hysterie ist bekanntlich die Unmöglichkeit zu wissen, ob man Mann oder Frau ist. Die Homosexuellen sind allesamt mehr oder weniger hysterisch, eigentlich teilen sie sich mit den Frauen eine tiefe Identitätsstörung (*trouble d'identité*), genauer gesagt: Sie profitieren von einer unklaren Identität (*identité trouble*).

Der Phallus ist die einzige Verteilungsinstanz der Identität: Ein gesellschaftlicher Gebrauch des Anus auf nicht-sublimierte Weise bringt die Gefahr des Identitätsverlustes mit sich. Von hinten gesehen sind wir alle Frauen, der Anus kennt keinen Geschlechtsunterschied. Die Beziehungen zwischen Homosexualität und sexueller Identität sind Gegenstand eines Artikels von Ralph R. Greenson, in dem er zunächst einen Umstand konstatiert, der ihn offenbar überrascht: Sobald die Homosexualität in einem Krankengespräch angeschnitten wird, »reagieren die Patienten mit einem Gefühl der Furcht und verhalten sich ganz allgemein so, als hätte ich zu ihnen gesagt: Sie *sind* homosexuell!«[128] Wir wussten bereits, dass man von der Homosexualität nicht unschuldig sprechen kann, dass die Neurose des Kranken in der Paranoia des Arztes beginnt. Erstaunlicher ist aber, dass der ›Patient‹ (ein Terminus, der genug über dessen angenommene Passivität aussagt) die Vorstellung von Homosexualität als etwas Unerträgliches und Panik Erregendes erlebt: »Setzen wir nun die Analyse fort, so beschreibt der Patient alsbald das Gefühl, einen Teil seiner selbst zu verlieren, etwas seinem Wesen Zugehöriges, wenngleich Erworbenes, das in direktem Verhältnis zu seiner sexuellen Identität steht, zu der Antwort, die er sich eines

---

[128] Greenson, Homosexualité et identité sexuelle, S. 343, Herv. i. O.

Tages auf die Frage: Wer bin ich? gegeben hatte. Einer meiner Patienten drückte dies mir gegenüber sehr bündig aus, als er sagte: ›Ich habe den Eindruck, dass Sie im Begriff sind, mir zu eröffnen, dass ich weder ein Mann noch eine Frau bin, sondern ein Monster.‹«[129]

Greenson unterscheidet drei Phasen des ›Fortschritts‹ vom Kind zum Erwachsenen: »Ich bin ich, Jean. – Ich bin ich, Jean, ein Junge. – Ich bin ich, Jean, ein Junge, der jetzt das Begehren hat, sexuelle Handlungen mit Mädchen auszuführen.«[130]

Die Verschiedenheit der Geschlechter und das Hingezogensein zum anderen Geschlecht sind die Bedingungen der sexuellen Identität: »Die geringste sexuelle Anziehung [des Kranken] durch einen Mann bärge die Gefahr, ihn in einen Zustand großer Panik zu versetzen, und würde seine sexuelle Identität gefährden.«[131] Lassen wir hier für einen Augenblick die Frage beiseite, welche Beziehungen zwischen Sexualtrieb und Sexualobjekt bestehen, so bleibt doch festzuhalten, dass die feste Bedingung der sexuellen Identität in der doppelten Gewissheit der Ähnlichkeit und der Differenz, des Narzissmus und der Heterosexualität liegt.

Die phallische Phase ist die der Identität. Wenn du ein Junge bist, wirst du Beziehungen mit Mädchen haben. Was deinen Anus angeht, so behalte ihn sorgsam für dich! Die sexuelle Identität ist darüber hinaus die Gewissheit, zur Welt der Herren zu gehören – oder die Angst, aus ihr ausgeschlossen zu sein.

Eine Figur wie Thomas Manns Aschenbach kennt ihre Vorfahren: »Was würden sie sagen? Aber freilich, was hätten sie zu seinem ganzen Leben gesagt, das von dem ihren so bis zur Entartung abgewichen war«.[132] Und dass der Schriftsteller sich unablässig seine vergangene Größe vorsagt, hat seinen Grund darin, dass er fühlt, wie sie von ihm weicht, wie sie bis auf seinen Namen verschwindet, während sich ihm die Beziehung zu

---

129 Ebd., S. 344.
130 Ebd., S. 346.
131 Ebd., S. 347.
132 Mann, Der Tod in Venedig, S. 74.

Tadzio aufdrängt. Seine Erscheinung löst sich so weit von ihm ab, dass ihn noch die schlechteste Schminke täuschen kann: Im Friseursalon, mit gefärbten Haaren, rot nachgezogenen Lippen und dem Gesicht unter einer dicken Puderschicht, wird ihm die Zerbrechlichkeit dieser Identität bewusst. Aschenbach hat zunächst den Konflikt zwischen dem Hohen und dem Niederen, zwischen dem Trieb und dem Bild seiner ernsten Berühmtheit durchlebt. Doch »seine Seele kostete Unzucht und Raserei des Unterganges. Aus diesem Traum erwachte der Heimgesuchte entnervt, zerrüttet und kraftlos dem Dämon verfallen. Er scheute nicht mehr die beobachtenden Blicke der Menschen; ob er sich ihrem Verdacht aussetze, kümmerte ihn nicht.«[133] Aschenbachs große Resignation ist seine Entdeckung des Trugbildes des Imaginären, wenn sich das unverständliche homosexuelle Begehren aufdrängt.

Auch Törleß' Verwirrungen kommen von dieser Unfähigkeit, sein Begehren nach Basini in einer anthropomorphen, menschlich akzeptablen Weise darzustellen. Während seiner ersten Erfahrung mit seinem Mitschüler schreit Törleß innerlich: »Das bin nicht ich! ... nicht ich! ... Morgen erst wieder werde ich es sein! ... Morgen ...«[134] Und die unsägliche Szene, in der sich der Direktor, der Katechet und der Professor gemeinsam bemühen, in Törleß' Delirium einen Sinn zu entdecken, zielt letztlich darauf ab, ihm das Bewusstsein seiner Schuld zu vermitteln.

Das bin nicht mehr ich, was da spricht, wenn sich der begehrende Gebrauch des Anus aufdrängt. Das Problem ist hier nicht eines von Aktivität und Passivität (die sich, nach Freud, genau in der analen Phase voneinander zu unterscheiden beginnen). Alle Homosexualität ist mit dem Anus verbunden, selbst wenn der Analverkehr, wie uns die werten Statistiken Kinseys lehren, sogar unter den Homosexuellen noch die Ausnahme bleibt.

---

133 Ebd., S. 90.
134 Musil, Die Verwirrungen, S. 153.

Alle Homosexualität wird von der Analerotik tangiert, welchen Differenzierungen und perversen Reterritorialisierungen Ödipus sie im weiteren Verlauf auch unterwirft. Und der Anus ist dabei keineswegs ein Ersatz für die Vagina: Die Frauen besitzen ihn ebenso wie die Männer. Was hier angegriffen wird, ist die Funktion des Phallus als signifizierend-unterscheidende Instanz *(fonction signifiante-discernante)* – und zwar genau in dem Augenblick, in welchem sich der Anus aus der aufgezwungenen Privatisierung löst, um am Lauf des Begehrens teilzunehmen. Den Anus wieder kollektiv und libidinös zu besetzen, heißt, im selben Maße jenen großen phallischen Signifikanten zu schwächen, der uns Tag für Tag beherrscht, in den kleinen Familienhierarchien ebenso wie in den großen Hierarchien der Gesellschaft. Das am wenigsten geduldete, weil am stärksten entsublimierende Begehrenshandeln ist das, welches sich auf den Anus richtet.

Konkurrenzgesellschaft und Herrschaft des Phallus

Wir leben in einer Konkurrenzgesellschaft, einer Gesellschaft der Konkurrenz unter Männern *(mâles)*, unter Phallusträgern. Nachdem der Anus aus dem gesellschaftlichen Leben hinausgedrängt worden ist, organisiert sich unter den von der bürgerlichen Gesellschaft produzierten Individuen alles anhand des Phallusbesitzes, der Inbesitznahme des Phallus der anderen oder der Furcht vor dem Verlust des eigenen. Die Freud'sche Rekonstruktion hat diese gnadenlose Herrschaft der Konkurrenzhierarchie nur übersetzt und verinnerlicht. Nur indem man die anderen kastriert, erigiert man richtig; nur indem man im Wettlauf zur Genitalität auf die anderen Phallusträger tritt, steigt man auf. Nur durch die Anerkennung seitens der anderen ist man ein Phallusbesitzer. Man ist ständig in seinem Phallus bedroht, das heißt, es droht ständig die Gefahr, dass einem der hart erkämpfte Phallus wieder genommen wird. Niemand droht euch euren Anus wegzunehmen, eher besteht die Gefahr, dass sich herausstellen könnte, dass ihr überhaupt einen habt und dass er benutzt werden könnte. Schreber hat Angst vor der Vergewaltigung durch Flechsig und begehrt sie: Die Angst kommt daher, dass die Enthüllung, dass man auch ein Anus ist, unsere phallische Existenz in Frage zu stellen scheint.

Der Mann, d. h. der Phallusträger, hat Beziehungen zu anderen Männern nur unter der Herrschaft der Konkurrenz um das einzig mögliche Objekt seines sexuellen Handelns, nämlich die Frau. Die Konkurrenz ›beginnt‹ in der Familie, mit dem Vater und den Brüdern; sie ›setzt sich fort‹ im gesamten Gesellschaftsprozess, mit dem Aufstieg in der Hierarchie. Besitzen oder nicht besitzen, eine Frau besitzen oder sie nicht besitzen, das ist die Frage, die uns unsere Umwelt stellt, die ›offensichtliche‹ Frage, die die Begehrensproduktion verschleiert.

Die Normalen sind allesamt mehr oder weniger paranoid, das geben die Psychoanalytiker durchaus zu. Die Besitz- und Eigentumsverhältnisse installieren das System der Eifersucht als der verallgemeinerten Paranoia unserer Gesellschaft.

Wir kennen bereits die Beziehung, die die Freud'sche Analyse zwischen der Paranoia und der Selbstunterdrückung der Homosexualität herstellt. Im Jahr 1922 schreibt Freud einen Artikel mit dem Titel *Über einige neurotische Mechanismen bei Eifersucht, Paranoia und Homosexualität*, in dem er unterscheidet zwischen einer konkurrierenden Eifersucht, die er als normal ansieht, einer projizierten Eifersucht, die Teil des Widerstandes gegen die von der Gesellschaft tolerierten Übertretungen (z. B. Ehebruch) ist, und schließlich der wahnhaften Eifersucht, die zur Paranoia gehört. Letztlich dient diese Unterscheidung nur zur Beruhigung des Lesers, indem sie ein Minimum an zumindest quantitativen Differenzierungen zwischen dem Normalen und dem Pathologischen einführt. Tatsächlich entspringt die erstgenannte Eifersucht beim Mann auch der »Trauer um den unbewußt geliebten Mann und Haß gegen das Weib als Rivalin [...]. [Der Eifersüchtige] bezog [seine Eifersuchtsgefühle] selbst auf den Eindruck mehrerer homosexueller Angriffe, die er als Knabe erlebt hatte«.[135] Die Projektionseifersucht, hervorgerufen von einer Weisheit der Gesellschaft, die ein gewisses Maß an ehelicher Untreue als unvermeidlich hinnimmt, hat bereits »fast wahnhaften Charakter«.[136] Bei der Analyse der dritten, der wahnhaften Eifersucht werden wir sehen, warum Freud sich gezwungen glaubt, seine Entdeckung mit derartigen Retuschen abschwächen zu müssen. Es kommt für ihn nicht in Frage, das Konkurrenz-Eifersucht-System frontal und ohne Vorsicht anzugreifen.

»Die wahnhafte Eifersucht entspricht einer vergorenen Homosexualität [...]. Als Versuch zur Abwehr einer überstarken homosexuellen Regung wäre sie (beim Manne) durch die Formel zu umschreiben: *Ich* liebe ihn ja nicht, *sie* liebt ihn.«[137] Genauer könnte man sagen: ›Ich kann ihn nicht lieben, da sie es ist, die ich liebe und die ihn liebt.‹

Der Verfolgungswahn ist jene Rekonstruktion des Imaginären, die es gestattet, sich gegen das Auftreten des homosexuellen Begehrens zu verteidigen. »Wir wissen«, so Freud, »daß beim Paranoiker gerade die geliebteste Person des gleichen Geschlechts zum Verfolger wird«.[138] Das Eifersucht-Konkurrenz-System stellt sich dem System des nicht-exklusiven Begehrens entgegen und vervielfacht die Abwehrschranken dagegen. Freud erwägt vorsichtig, »daß ein Mann, der in anderen Männern mögliche Liebesobjekte sieht, sich gegen die Gemeinschaft der Männer anders benehmen muß, als ein anderer, der genötigt ist, im Mann zunächst den Rivalen beim Weibe zu erblicken«.[139] Das Eifersucht-Konkurrenz-System stellt sich ursprünglich dem vieldeutigen System des Begehrens entgegen. Das homosexuelle Begehren bewahrt noch ein Stück von dieser Entgegenstellung in sich, doch seine gesellschaftliche Nutzung in Form von Sublimierung schlägt sich faktisch in der

---

135 Freud, Über einige neurotische Mechanismen, S. 196.
136 Ebd., S. 197.
137 Ebd., S. 198.
138 Ebd., S. 200.
139 Ebd., S. 207.

Aufopferung für die Gemeinschaft der Männer nieder, der
»Hingabe an gemeinnützige Interessen«[140], wie es Freud selbst
ausdrückt. Mithin lässt sich die Sublimierung der Homosexualität als etwas für die Öffentlichkeit Nützliches ansehen. Die
Zweideutigkeit rührt von der Vagheit der Freud'schen Ausdrücke her: ›soziale Triebregungen‹, ›Hingabe an gemeinnützige Interessen‹. Gerade dieser angeblich soziale Sinn ist die
Grundlage für die Ausbeutung des homosexuellen Begehrens,
für seine Umwandlung in eine soziale Kohäsionskraft, das
notwendige partielle Gegenstück zu jenem Konkurrenz-Eifersucht-System, das in letzter Konsequenz das totale Gesetz des
Dschungels wäre.

Die homosexuelle Sublimierung sichert dem unablässig bedrohten sozialen Zusammenhalt eine solide ideologische Grundlage. Auch die Organisierung der Beziehungen im Umkreis des
Konkurrenz-Eifersucht-Systems gelingt der kapitalistischen Gesellschaft nur mittels der Doppelbewegung von Verdrängung
und Sublimierung der Homosexualität, wobei jene die Konkurrenzherrschaft des Phallus und diese die Scheinheiligkeit der
menschlichen Beziehungen sichert. Die phallokratische Konkurrenzgesellschaft beruht auf der Verdrängung des auf den
Anus gerichteten Begehrens; die Verdrängung der Homosexualität ist ebenso mit jener Eifersuchtsparanoia verbunden, die unseren täglichen Bezugsrahmen bildet, wie mit der Ideologie von
der Existenz eines solidarischen gesellschaftlichen Ganzen, jener ›menschlichen Gemeinschaft‹, in der wir leben.

Auch die homosexuelle Liebe kennt Rivalität und Eifersucht:
Im Austausch für die Dienste, die die Umwandlung der homosexuellen Libido dem Konkurrenz-Eifersucht-System leistet, durchdringt dieses nun seinerseits die homosexuellen Liebesbeziehungen. Dies übrigens in solchem Grade, dass manche
das homosexuelle Begehren selbst als den Ursprung der Eifersuchtsparanoia ansehen, als deren Motor es gezwungenermaßen
dient: Auf der Ebene einer psychologischen Analyse wie der

---

140 Ebd., S. 206.

von Stekel ist die Eifersucht mit der Homosexualität verbunden, weil die Homosexualität ein Mittel sein soll, mit dem man sich den Phallus des Konkurrenten vorstellen kann. Wenn die Männer untereinander in einem Konkurrenzverhältnis stehen, so ist das sexuelle Verhältnis zwischen Männern (bei dem Stekel freilich zu präzisieren vergaß, dass es ein verdrängtes, ausschließlich imaginäres Verhältnis ist) eines zwischen mehreren Phalli, ein Vergleichs- und Hierarchieverhältnis. So wird die Homosexualität schließlich phallisch – als Dank dafür, dass sie, indem sie die Verdrängung des auf den Anus gerichteten Begehrens organisiert, den Triumph des Phallus gestattet hat. Die Befreiung des homosexuellen Begehrens aus dem System des Imaginären, in dem es ausgebeutet wird, erweist sich damit als eine für die Zerstörung des Konkurrenz-Eifersucht-Systems wesentliche Aufgabe.

Ödipale Reproduktion und Homosexualität

Das homosexuelle Begehren bezieht sich insbesondere auf den vorpersönlichen Zustand des Begehrens. Die Angst vor Identitätsverlust ist mit ihm verbunden, solange es imaginär, im verdrängten Zustand erlebt wird. Die unmittelbare Manifestation des homosexuellen Begehrens widersetzt sich den Identitätsbeziehungen, den notwendigen Rollen, die Ödipus aufzwingt, um die Reproduktion der Gesellschaft zu sichern. Die reproduktive Sexualität ist zugleich auch die Reproduktion des Ödipus; die familiale Heterosexualität garantiert nicht bloß die Produktion von Kindern, sondern auch und vor allem die Reproduktion des Ödipus als Unterscheidung zwischen Eltern und Kindern. *Der Familienroman der Neurotiker*, ein Artikel Freuds aus dem Jahre 1909, ist der Glaubensartikel der ödipalen Reproduktion. »Für das kleine Kind sind die Eltern zunächst die einzige Autorität und die Quelle alles Glaubens. Ihnen, das heißt dem gleichgeschlechtlichen Teile, gleich zu werden, groß zu werden wie Vater und Mutter, ist der intensivste, folgenschwerste Wunsch dieser Kinderjahre.«[141] Seinerseits Papa zu werden, bedeutet dann für das ehemalige Kind, Ödipus als eine Fackel der Zivilisation an seine Nachkommen weiterzugeben, sich in die große Abstammungsreihe der Menschheit einzugliedern. Die absolute Notwendigkeit, dass Ödipus sich reproduziert – und nicht produziert –, erklärt, warum die Konflikte, die das Kind durch den Widerstand gegen das Vaterbild erlebt, sich letztlich durch die reale Substitution des Vaters lösen: durch die Gründung einer neuen Familie. »Ja«, so Freud, »der Fortschritt der Gesellschaft beruht überhaupt auf dieser Gegensätzlichkeit der beiden Generationen.«[142] Dies also ist die Art, in der sich die geschichtliche Weitergabe des Spiels von Verbot und Übertretung verwirklicht. Doch unmittelbar danach fügt Freud hinzu: »Anderseits gibt es eine Klasse von Neurotikern, in deren Zustand man die Bedingtheit erkennt, daß sie an dieser Aufgabe gescheitert sind.«[143] Ihr Zustand ist bedingt: Sie müssen das Bewusstsein besitzen, dass sie bei der historischen Aufgabe, die ihnen gestellt worden ist, versagt haben, damit die gesellschaftliche Bedeutung eben dieser Aufgabe nicht geschmälert werde. Die Reduzierung der Jugendrevolten auf Generationskonflikte nimmt auf diese Weise die Bedeutung einer von der Regel des *double bind* diktierten Wahl an: Entweder wie die Eltern handeln oder neurotisch werden! Die ganze Bewegung des Mai 1968 wurde mit dem von der herrschenden Ideologie auferlegten Entscheidungszwang malträtiert: Entweder man wird zum verantwortungsbewussten Politiker oder zum neurotischen Individuum.

Die homosexuelle Neurose ist die Rückwirkung der Bedrohung, die das homosexuelle Begehren für die ödipale Reproduktion darstellt. Das homosexuelle Begehren ist das Nichtzeugend-Unerzeugte (*l'inengendrant-inengendré*), der Schrecken der Familien, insofern es sich produziert, ohne sich zu reproduzieren. So muss sich denn auch jeder Homo-

---

[141] Freud, Der Familienroman der Neurotiker, S. 227.
[142] Ebd.
[143] Ebd.

sexuelle als das Ende eines Geschlechts empfinden, als der Schlusspunkt eines Prozesses, für den er nicht verantwortlich ist und der mit ihm erlischt. Der Homosexuelle ist gesellschaftlich nur möglich als ein neurotisch auf Vater und Mutter Fixierter, als verlöschendes Nebenprodukt einer Abstammungsreihe, das seine Schuld, die darin besteht, nur auf die Vergangenheit bezogen zu sein, zum eigentlichen Sinn seiner Perversion macht. Der Homosexuelle kann, da er nicht zeugt, überhaupt nur ein Entarteter sein, das kunstvolle Ende eines Geschlechts. Anerkannte homosexuelle Zeitlichkeit gibt es nur in Ausrichtung auf die Vergangenheit, auf die Griechen oder auf Sodom. Soll die Homosexualität, da sie ja nun sowieso zu nichts nütze ist, wenigstens wie jenes kleine Stück Nutzlosigkeit auftreten, das zur Bewahrung des künstlerischen Geistes nötig ist! Homosexualität wird als eine regressive Neurose begriffen, die ganz und gar der Vergangenheit zugewandt ist, unfähig, der Zukunft als Erwachsener und Papa, die jedem Individuum männlichen Geschlechts vorgezeichnet ist, ins Auge zu sehen. Da das homosexuelle Begehren das Gesetz der Phasenabfolge nicht kennt, da es unfähig ist, sich zur Genitalität zu erheben, kann es schließlich nichts anderes als eine Regression sein, etwas wie die Gegenströmung zu einer notwendigen historischen Evolution, wie der an der Oberfläche eines Flusses sich bildende Strudel. Gewiss weist Freud eher eine topische Koexistenz als eine zeitliche Abfolge der Triebe nach; die Zeitlichkeit dringt jedoch ein als die absolute Notwendigkeit, dass Eltern und Kinder aufeinander folgen, dass auf die anale Phase die volle Genitalität folgt – mögen die früheren Phasen auch im Verlauf der gesamten Geschichte des Individuums als stets bedrohliche Spuren der Vergangenheit wieder auftauchen.

Die Gegenströmung ist nichts weiter als der kleine Anteil Grundlosigkeit (*gratuité*)[144], welcher der Notwendigkeit (*nécessité*) der Hauptströmung entspricht.

---

144 Hocquenghem verwendet hier den Sartre'schen Begriff *gratuité*, der im Deutschen zumeist mit ›Grundlosigkeit‹ oder ›Zwecklosigkeit‹ übersetzt

Die Homosexuellen bestätigen auf ihre Weise die Regel des unvermeidlichen Alterns, der ödipalen Zeitlichkeit. Aschenbach, bedeckt mit Schminke und Kosmetika, sieht in den Spiegel und »erblickte mit Herzklopfen einen blühenden Jüngling«[145] in seinem eigenen Bilde, das einer mythischen Jugend zurückgegeben worden war. Das homosexuelle Begehren kennt keine Abfolge der Altersstufen, weshalb die Homosexuellen das ödipale Trugbild der Evolution vom Kind zum Greis intensiver und in einer höheren Bilderkonzentration erleben als sonst irgendjemand.

Für die Psychoanalyse beginnt alles mit dem Kind, doch zugleich existiert das Kind nur durch die von der väterlichen Paranoia projizierte Ödipalisierung: »Vom Gesichtspunkt der Regression aus, die nur *hypothetischen* Status genießt, ist der Vater gegenüber dem Kind primär. Der paranoische Vater ödipalisiert den Sohn. Bevor das Schuldgefühl innerlich vom Sohn empfunden wird, ist es eine vom Vater projizierte Idee«[146], schreiben die Autoren des *Anti-Ödipus*. Und sie fahren fort: »Entpuppt sich die absolut genommene Regression als inadäquat, so weil sie uns in die einfache Reproduktion oder Fortpflanzung einsperrt.«[147] Die Perspektive der Psychoanalyse ist die der zeitlichen Abfolge, der weitergegebenen Schuld. So gesehen wird der Homosexuelle als Neurotiker durch die Paranoia der Eltern erzeugt; die Notwendigkeit zur Konstruktion einer Zeitlichkeit zielt vor allem auf das homosexuelle Begehren, insofern dieses etwas vom Prozess der Selbsterzeugung des Begehrens offenbart. Die Homosexualität ist regressiv, weil Regression die Form ist, die die Ödipalisierung dem homosexuellen Begehren als dem Ausdruck einer Gleichgültigkeit der Libido gegenüber der Zeitlichkeit zuweist – einer inakzeptablen Gleichgültigkeit.

---

wird und bei Sartre als Kennzeichen der Freiheit in enger Beziehung zu den Begriffen ›Kontingenz‹ und ›Absurdität‹ steht (Anm. d. Hrsg.).
145 Mann, Der Tod in Venedig, S. 92.
146 Deleuze/Guattari, Anti-Ödipus, S. 355, Herv. i. O.
147 Ebd., S. 356.

Die Homosexualität ist regressiv, weil der Homosexuelle sonst schließlich eine kinderlose Waise wäre. Er wäre Waise im Sinne von Deleuzes und Guattaris Charakterisierung »des Unbewußten, dieses Waisen [sic!]«.[148] Und kinderlos, insofern die Weitergabe der Homosexualität auch den geheimnisvollen Charakter der Wege der Begehrensproduktion bewahrt. Ein Polizeipräfekt, den Gustave Macé in seinen *Mes lundis en prison* betitelten Memoiren zitiert, definiert die Homosexuellen als »jene Leute, die, obgleich sie keine Nachkommen zeugen, dennoch eine Tendenz zur Vermehrung aufweisen«.[149] Homosexuelle Produktion verläuft in der Art des unbegrenzten Horizontalverhältnisses, heterosexuelle Reproduktion dagegen in der Art der hierarchischen Abfolge. Im Ödipusverhältnis weiß jeder, dass er seinen bereits durch das Dreieck umgrenzten Platz einnehmen wird; darin liegt eine Bedingung des gesellschaftlichen Fortschritts, erklärt Freud. Wenn Deleuze und Guattari demgegenüber erklären, dass neben der Trennung in Mann und Frau, diesem permanenten Ergebnis der Abstammungsfolge, die männliche Homosexualität, weit entfernt davon, ein Produkt des Ödipuskomplexes zu sein, eine andere Form sozialer Beziehung bildet, so weisen sie darauf hin, dass neben dem Freud'schen Mythos, der alles aus der Abstammungsfolge ableitet[150], eine andere, für unsere Gesellschaft inakzeptable soziale Beziehung möglich ist, die nicht vertikal, sondern horizontal ist.

Insofern der nichtsublimierte Homosexuelle die Möglichkeit dieser unterdrückten Beziehung repräsentiert, ist er einerseits ein Asozialer im Rahmen der familialen heterosexuellen Gesellschaft. Adler schreibt: »Die Ziele des Homosexuellen stehen im Widerspruch zu den Voraussetzungen eines gesellschaftlichen Lebens [...]; er sucht auch nicht die friedliche Einfügung und Harmonie, sondern seine vorsichtige, aber übertriebene Expansionstendenz führt ihn auf den Weg des fort-

---

148 Ebd., S. 130.
149 Macé, Lundis en prison, S. 165.
150 Vgl. Freud, Totem und Tabu.

währenden, feindlichen Messens und Kämpfens [...]. Mit einem Wort: *er hat sich nicht zum Mitspieler der Gesellschaft entwickelt.*«[151] Wohlverstanden, ›Gesellschaft‹ ist hier im Sinne des Freud'schen Modells gemeint, in dem die Homosexualität ihren Platz nur durch die ödipale Sublimierung findet.

Andererseits zeigt der Homosexuelle die Möglichkeit einer anderen Form von Beziehungen an, einer Form, die man kaum als ›Gesellschaft‹ zu bezeichnen wagt.

Die homosexuelle Gruppalisierung

Die sublimierte Homosexualität gibt der Gesellschaft jenes Minimum an menschlichem Zusammenhalt, das sie braucht. Die Verdrängung der Homosexualität ist die Entsprechung zum Konkurrenz-Eifersucht-System der phallischen Individuen. Freud schreibt am Ende seines Artikels *Über einige neurotische Mechanismen bei Eifersucht, Paranoia und Homosexualität*: »In der psychoanalytischen Betrachtung sind wir gewöhnt, die sozialen Gefühle als Sublimierungen homosexueller Objekteinstellungen aufzufassen.«[152] Es wäre interessant, einmal versuchsweise zu beschreiben, worin ›soziale‹ Beziehungen bestehen könnten, die *nicht* auf homosexueller Sublimierung beruhten – oder umgekehrt zu überlegen, was die Entsublimierung der Homosexualität für die gesellschaftliche Organisation bedeuten würde. Freud beendet seinen Artikel mit der zweideutigen Schlussfolgerung: »Bei den sozial gesinnten Homosexuellen wäre die Ablösung der sozialen Gefühle von der Objektwahl nicht voll geglückt.«[153] Dieser Satz ist gerade aus der Freud'schen Perspektive besonders unbefriedigend: Im Prinzip müsste die Zunahme des sozialen Sinns eine gleichgroße Abnahme der auf das homosexuelle Objekt gerichteten Libido mit sich bringen. Bei einem sozial gesinnten Homo-

---

151 Adler, Das Problem der Homosexualität, S. 34, Herv. i. O.
152 Freud, Über einige neurotische Mechanismen, S. 207.
153 Ebd.

sexuellen haben wir es mit einem widersprüchlichen Monstrum zu tun – es sei denn, dass ›sozial‹ hier etwas anderes bezeichnet, als man gewöhnlich darunter versteht. Wenn der direkte Ausdruck des homosexuellen Begehrens einen sozialen Sinn annehmen kann, so jedenfalls nicht in dieser unserer Gesellschaft, die als ein familiales heterosexuelles System auf der Herrschaft der anti-homosexuellen Paranoia und auf Sublimierung beruht.

Das auf den Anus gerichtete Begehren, das eng mit dem homosexuellen Begehren zusammenhängt, konstituiert eine Art von Beziehungen, die wir in Opposition zur gewohnten ›sozialen‹ Art als ›gruppale‹ Art von Beziehungen (*mode groupale de rapports*) bezeichnen. Der Anus unterliegt der Bewegung der Privatisierung. Die Öffentlichmachung (*publicisation*) oder genauer: die begehrende Gruppalisierung (*groupalisation désirante*) des Anus hingegen bewirkt gleichzeitig die Auflösung der sublimierenden Phallus-Hierarchie und den Zusammenbruch des *double bind* Individuum-Gesellschaft.

Deleuze und Guattari haben dargelegt, dass kein individuelles Phantasma existiert, das man dem kollektiven Phantasma entgegensetzen könnte, oder genauer: dass das Individuum ein bestimmtes kollektives Phantasma ist, die Frucht einer auf die ödipale Unterdrückung gegründeten Kollektivität. Von Homosexualität als einem individuellen Problem, als *dem* individuellen Problem schlechthin zu sprechen, ist ein sicheres Mittel, sie dem Ödipus zu unterwerfen. Das homosexuelle Begehren ist ein Gruppen-Begehren, es gruppalisiert den Anus, indem es seine Funktionen als begehrendes Verbindungsglied wiederherstellt, indem es ihn wieder kollektiv besetzt – gegen eine Gesellschaft, die ihn auf ein schambesetztes kleines Geheimnis reduziert hat. Die ›praktizierenden‹ Homosexuellen sind gewissermaßen jene, die an ihrer Sublimierung gescheitert sind; sie sind »unfähig, den Ansprüchen voll zu entsprechen, die Natur und Kultur an die Individuen stellen können«.[154] An seiner

---

[154] Corrazé, Les dimensions de l'homosexualité, S. 246.

Sublimierung zu scheitern, bedeutet nun allerdings nichts anderes, als die gesellschaftlichen Verhältnisse in einer anderen Weise aufzufassen. Letztendlich, wenn der Anus seine Begehrensfunktion wiedergewonnen hat, wenn sich die Organe gesetz- und regellos verkoppeln, genießt (*jouit*) die Gruppe in einer Art von unmittelbarem Verhältnis, aus dem die sakrosankte Unterscheidung zwischen öffentlich und privat, individuell und gesellschaftlich völlig geschwunden ist. Vielleicht ließen sich in bestimmten Institutionen des homosexuellen Ghettos erste Anzeichen eines derartigen sexuellen Urkommunismus finden, trotz all der Formen von Unterdrückung und Schuldrekonstruktion, denen sie ausgesetzt sind: Man denke an die Dampfbäder, jene berühmten Orte, an denen sich die homosexuellen Begehren anonym verkoppeln, ungeachtet der Angst vor der jederzeit möglichen Anwesenheit der Polizei. Die Gruppalisierung des Anus bietet der Sublimierung keinen Ansatzpunkt mehr und auch keinerlei Spalt, durch den das Schuldbewusstsein eindringen könnte.

Im gruppalen Sinne ist der Anus der ›Annulus‹, der Ring, der offen ist für die Unbegrenztheit der in alle Richtungen und ohne zugewiesenen Platz möglichen Verkoppelungen. Das Gruppale des Annulus (man könnte auch *Anulus* schreiben) bringt das Soziale der phallischen Hierarchie, das Kartenhaus des Imaginären, zum Einsturz.

Das homosexuelle Begehren ist nicht das sekundäre Resultat des Ödipus, es ist der Betrieb einer an den Anus gekoppelten Begehrensmaschine. Deleuze und Guattari haben hervorgehoben, welchen Fehler jemand wie Georges Devereux begeht, wenn er die Homosexualität als ein Produkt der ödipalen Verdrängung ansieht.[155] Anlässlich des Masochismus werden wir noch sehen, welche Bedeutung dem Begriff des Sekundären, wie er einigen Ausprägungen des Begehrens zugewiesen wird, tatsächlich zugesprochen werden muss. Der *Anti-Ödipus* hebt

---

[155] Vgl. Devereux: Considérations ethno-psychanalytiques sur la notion de parenté. Zu Deleuzes und Guattaris Kritik vgl. Deleuze/Guattari, Anti-Ödipus, S. 194f. (Anm. d. Hrsg.).

nachdrücklich hervor: »Wenn in der Tat eine ödipale oder filiative Homosexualität existiert, so gilt es darin allein die sekundäre Reaktion auf die anfänglich nicht-ödipale Gruppenhomosexualität zu sehen.«[156] Mithin existiert das homosexuelle Begehren nur in der Gruppe, und zugleich ist ihm die Gesellschaft verboten. Daher die Notwendigkeit, das Anale verschwinden zu lassen oder vielmehr es in Analität zu verwandeln. So schreibt Freud, dass »die Geschichte des ersten Verbotes, welches an das Kind herantritt, des Verbotes aus der Analtätigkeit und ihren Produkten Lust zu gewinnen, für seine ganze Entwicklung maßgebend wird. Das kleine Wesen muß bei diesem Anlasse zuerst die seinen Triebregungen feindliche Umwelt ahnen, sein eigenes Wesen von diesem Fremden sondern lernen, und dann die erste ›Verdrängung‹ an seinen Lustmöglichkeiten vollziehen. Das ›Anale‹ bleibt von da an das Symbol für alles zu Verwerfende, vom Leben Abzuscheidende.«[157] Und in seinen *Vorlesungen* erklärt Freud: »Um ihn [den Säugling] zum Verzicht auf diese Lustquellen zu bewegen, wird ihm alles, was diese Funktionen betrifft, als unanständig, zur Geheimhaltung bestimmt, erklärt. Er soll hier zuerst soziale Würde für Lust eintauschen.«[158]

Sicher, das homosexuelle Begehren wird genau deswegen zur Homosexualität und geht gerade darum dem Ödipus in die Falle, weil das anale Gruppale sonst tatsächlich das ödipale Soziale zum Schweigen bringen könnte. Und der Ödipus-Mythos erlaubt uns endlich auch zu verstehen, warum wir unterscheiden müssen zwischen dem homosexuellen Begehren, d. h. der primären, die Undifferenziertheit des Begehrens bezeugenden Homosexualität, und der ödipalen Homosexualität, die pervers ist und deren ganze Energie sich darauf richtet, das Gesetz zu stärken: weil nämlich, wie Deleuze und Guattari schreiben, »alles im Kopf von Laios [anfängt], dem alten Gruppenhomosexuellen, dem Perversen, der dem Wunsch eine Falle

---

156 Deleuze/Guattari, Anti-Ödipus, S. 211.
157 Freud, Drei Abhandlungen zur Sexualtheorie, S. 88, Fn. 1.
158 Freud, Vorlesungen, S. 326.

stellt«.[159] Die ödipale Homosexualität beginnt im Kopf des Vaters, sie sichert die Integration der gruppalen Kraft in das ödipale soziale Gefüge.

---

[159] Deleuze/Guattari, Anti-Ödipus, S. 212. Laios ist in der griechischen Mythologie der Vater des Ödipus. Als »Gruppenhomosexueller« (*homosexuel de groupe*) wird er von Deleuze und Guattari vermutlich deshalb bezeichnet, weil er sich als junger Mann in den Knaben Chrysippos verliebte und ihn entführte – woraufhin er von dessen Vater Pelops verflucht wurde (Anm. d. Hrsg.).

IV. Homosexuelle ›Objektwahl‹ und homosexuelles ›Verhalten‹

Der Familienroman der Neurosen verwandelt das homosexuelle Begehren in neurotische Homosexualität, mithin wird also auch eine ›psychologische Geschichte‹ des Homosexuellen hergestellt, der dann ein homosexuelles ›Verhalten‹ entspricht. In der *auberge espagnole* der Homosexualität findet jeder Platz: Auch der Soziologe kann sich sein Essen dorthin mitbringen und sich seinen Tisch an der Seite des Psychiaters decken.[160] Zwar kann man nicht behaupten, dass es kein besonderes homosexuelles Verhalten gibt, doch ist das, was man gemeinhin mit dem Begriff des ›Verhaltens‹ meint, nichts anderes als die Gesamtheit der Charakterisierungen, mit denen eine sexuelle Aktivität eingesperrt werden soll, die auszubrechen versucht; die Realität eines homosexuellen Verhaltens mit seinen spezifischen Konstanten ist genauso unbestimmbar wie der Ödipus, aus dem es entspringt. Das Unbewusste, das der Soziologe mühelos in den großen, ›molaren‹ Gesellschaftsmaschinen ausfindig macht, ist ein recht zivilisiertes Unbewusstes; die homosexuellen Abgründe sind, wie der Inzest, ›ein verleumdetes seichtes Wässerlein‹.[161]

Man ›entschließt‹ sich nicht für eine Existenz als Homosexueller, da homosexuelle Existenz als solche nur erlebt wird,

---

160 Der Ausdruck *auberge espagnole* (›Spanische Herberge‹) bezeichnet im Französischen eine billige Unterkunft, zu der man sein eigenes Essen mitbringen muss. Metaphorisch wird damit auch ein hohler Ausdruck bzw. ein Containerbegriff bezeichnet, den jeder nach Belieben mit seinen eigenen Vorstellungen füllen kann (Anm. d. Hrsg.).
161 Hocquenghem zitiert hier einen Teil des letzten Verses aus Stéphane Mallarmés Gedicht *Tombeau* (›Grab‹) von 1897, vgl. Mallarmé, Sämtliche Dichtungen, S. 108f. (Anm. d. Hrsg.).

wenn man sich – wie Genet – bemüht, »genügend Gründe mit diesem Namen benannt zu werden«[162] zu finden. Es gibt höchstens einen homosexuellen Ausweg, einen irreführenden Weg, den das homosexuelle Begehren einschlägt, um leben zu können. Sartre beschreibt diesen Weg so: »Ich halte daran fest, daß die Inversion weder das Ergebnis einer pränatalen Wahl noch das einer endokrinen Mißbildung ist, noch gar das passive und bestimmte Resultat von Komplexen: es ist ein Ausweg, den ein Kind im Moment des Erstickens entdeckt.«[163] Und dabei weiß das Kind noch nicht, dass dieser rettende Sauerstoff vergiftet ist, dass man ihm nur die Inversion anbietet, die Kehrseite jenes Normalen, an das es materiell gebunden ist. Genets Geschichte ist erbaulich, nicht umsonst nennt ihn Sartre den ›Heiligen‹: Außerhalb des Systems zu genießen (*jouir*) wird dank der transzendierenden Intervention des Ödipus ein »Wille zum Bösen«[164], eine existentielle Entscheidung, deren Etappen Sartre einfühlsam beschreibt. Die metaphysische Freiheit der Entscheidung für die homosexuelle Unfruchtbarkeit tritt an die Stelle des Betriebs der produzierenden Libido. Der ›Wille zum Bösen‹ rettet in den Augen einer fortschrittlichen Intelligenzija das, was am Begehren unerträglich ist, indem er es heiligspricht.

Sartre hat sicher zum Teil Recht, insofern er die Realität eines bestimmten Imaginären beschreibt. Doch was ist dieses Ersticken, dem das Kind gerade noch entkommen ist? Ist es die drohende sexuelle Normalisierung? Dann wäre der homosexuelle Ausweg die einzige Möglichkeit, nah an seinem Begehrensbetrieb (*fonctionnement désirante*) zu leben, mit welchen gesellschaftlichen Konsequenzen auch immer. Aber ist es nicht auch die Angst, dass das Ich verschwinden könnte, wenn die Verkoppelungen des Begehrens nicht in den Begriffen von Verantwortlichkeit und Schuld umgedeutet werden?

---

162 Jean Genet, Tagebuch eines Diebes, zitiert nach: Sartre, Saint-Genet, S. 129.
163 Ebd.
164 Ebd., S. 95.

Herkules zwischen dem Laster und der Tugend dürfte genau das verspürt haben, was hier als die Regel des *double bind* bezeichnet wurde: zwei Wege, nicht mehr. Die homosexuelle Wahl in dieser Weise darzustellen, läuft darauf hinaus, sie wieder in den Rahmen zu sperren, aus dem sie auszubrechen versucht hat. Eher schon wäre das homosexuelle Begehren zu beschreiben als ein Begehren, unabhängig vom System zu genießen (*jouir*), nicht bloß innerhalb oder außerhalb des Systems. Auch Justine und Juliette haben bei de Sade die Wahl zwischen zwei verschiedenen Wegen: dem, welchen die Gesellschaft den Weg der Tugend nennt, und dem, den sie als den lasterhaften ansieht. Doch die Symmetrie ist nur scheinbar: Justines tugendhafte Entscheidung macht sie bloß zu einer *Libertine* wider Willen, zu einer Neurotikerin, voller Schuldgefühle wegen der Ausschweifungen, in die sie gestürzt wird. Juliette dagegen trifft weniger eine Wahl, als dass sie sich weigert, irgendetwas auszuschließen, da sie glaubt, dass alles möglich ist, dass sie aus allen Situationen Lust (*jouissance*) gewinnen kann und dass letztlich alle Verkoppelungen des Begehrens gut sind.[165]

In Wirklichkeit ist die Entscheidung für eine homosexuelle Existenz nichts anderes als eine Rationalisierung, die der Ödipus vornimmt, indem er die ganzen Personen nach Maßgabe der jeweils ausschließlichen Objektwahl unterteilt.

---

165 Die beiden Romane *Justine oder vom Missgeschick der Tugend* (1787) und *Juliette oder die Vorteile des Lasters* (1796) des Marquis de Sade sind auch Gegenstand in der *Dialektik der Aufklärung* Max Horkheimers und Theodor W. Adornos, in welcher der angesprochene *double bind* sich, wenn auch mit anderer Stoßrichtung, angedeutet findet: Während Justine zur »Märtyrerin des Sittengesetzes« (Horkheimer/Adorno, Dialektik der Aufklärung, S. 101) werde, verharre auch Juliettes Libertinage »unter dem Bann des Katholizismus« (ebd., S. 114) und schlage sich durch ihren »Tadel des Unnatürlichen« zur Normalität. Gleichwohl bewahrt die »frevelnde Zerstörung des Tabus« für Horkheimer und Adorno auch die »Treue zur nahe gerückten Utopie, die den physischen Genuß für alle freigibt« –, wenn auch nur gemeinsam mit der »sublime[n] Liebe« (ebd., S. 117) (Anm. d. Hrsg.).

Die ›Objektwahl‹

Der homosexuelle ›Ausweg‹ ist gekennzeichnet durch die Wahl eines Objekts vom gleichen Geschlecht wie man selbst. ›Selbst‹, ›Objekt‹, ›gleich‹ – alles anthropomorphe Charakterisierungen des Begehrens. Derartige Charakterisierungen setzen voraus, dass zuvor eine Unterscheidung zwischen dem *Ich* und dem Außen bewerkstelligt worden ist, die Konstruktion eines Subjekts, das in der Lage ist, entlang der Einteilungen in gleich und verschieden zu handeln. »Ich will nur so viel herausheben«, erklärt Freud in seinen *Vorlesungen*, »daß die Objektwahl, der Fortschritt in der Libidoentwicklung, der nach dem narzißtischen Stadium gemacht wird, nach zwei verschiedenen Typen erfolgen kann. Entweder nach dem *narzißtischen Typus*, indem an die Stelle des eigenen Ichs ein ihm möglichst ähnliches tritt, oder nach dem *Anlehnungstypus*, indem die Personen, die durch Befriedigung der anderen Lebensbedürfnisse wertvoll geworden sind, auch von der Libido zu Objekten gewählt werden. Eine starke Libidofixierung an den narzißtischen Typus der Objektwahl rechnen wir auch in die Disposition zur manifesten Homosexualität ein.«[166] Diesem Angelpunkt des Narzissmus sind wir bereits begegnet: Das notwendige Komplement zum Vorgang der Umwandlung der Libidoenergie auf sich selbst ist das System der ›Objektwahl‹ nach den Normen der Ähnlichkeit und der Differenz.

In der ersten der *Drei Abhandlungen zur Sexualtheorie* schreibt Freud: »Die Erfahrung an den für abnorm gehaltenen Fällen lehrt uns, daß hier zwischen Sexualtrieb und Sexualobjekt eine Verlötung vorliegt, die wir bei der Gleichförmigkeit der normalen Gestaltung, wo der Trieb das Objekt mitzubringen scheint, in Gefahr sind zu übersehen. [...] Der Geschlechtstrieb ist wahrscheinlich zunächst unabhängig von seinem Objekt«.[167]

---

[166] Freud, Vorlesungen, S. 442.
[167] Freud, Drei Abhandlungen zur Sexualtheorie, S. 46f.

Eine solche Bemerkung kann nun auch zum homosexuellen Trieb gemacht werden. Bei Freud zeigt die Untersuchung der ›Perversionen‹, dass diese Verlötung zwischen dem Geschlechtstrieb und einem Objekt (hier verstanden als ein Mann oder eine Frau) ihre Selbstverständlichkeit nur infolge einer gesellschaftlichen Ideologie erhält, die der Sexualität ihre Form gibt. Die Perversionen, insbesondere die Homosexualität, zeigen an, was in der normalen Sexualität sonst verborgen bleibt: Durch die Stellung der Perversionen zur normalen Sexualität hebt sich deutlich die Willkürlichkeit jener Verlötung zwischen Objektwahl und allgemeinem Verhalten ab. Die reproduktive familiale Heterosexualität betrachtet den Zusammenhang zwischen der sexuellen Reizung des Mannes und dem Sexualobjekt Frau als so selbstverständlich, dass es gleichsam scheint, als gäbe es überhaupt keinen Unterschied zwischen dem Sexualtrieb und seinem Objekt. Doch sobald eine offenbar abweichende Objektwahl sichtbar wird, öffnet sich für Freud ein erhellender Spalt, durch den sich erkennen lässt, dass das sexuelle Begehren nicht auf eine präzise Objektwahl zu reduzieren ist. Die homosexuelle Perversion bezeugt diese Gleichgültigkeit, insofern ihre Objektwahl nicht selbstverständlich ist; und zugleich bezeugt sie die Macht der Normalisierungskräfte, insofern sie ihrerseits und auf ihre Weise jener Regel zu gehorchen scheint, die eine bestimmte Objektwahl mit einem bestimmten Verhalten verbindet. Die Darstellung der Sexualität in der Form eines Sexualtriebs (*tendance sexuelle*)[168], der von seinem Komplement, dem natürlichen (oder perversen) Sexualobjekt dieses Triebs, irgendwie chemisch angezogen wird, erlaubt die Konstruktion psychologischer Persönlichkeiten nach dem Muster der großen Charakterisierungen, die das Begehren

---

168 Das Wort ›Trieb‹ wird im Französischen in der Regel mit *pulsion* übersetzt, es finden sich aber auch die Varianten *instinct* und *tendance*. In den *Drei Abhandlungen zur Sexualtheorie*, auf die sich Hocquenghem im folgenden Abschnitt hauptsächlich bezieht, gebraucht die französische Übersetzung letztere Variante, die rückzuübersetzen nicht immer einfach ist, da *tendance (sexuelle)* zugleich ›(sexuelle) Neigung/Orientierung‹ bedeuten kann (Anm. d. Hrsg.).

willkürlich unterteilen. Damit der Ausdruck ›Sexualtrieb‹ alsbald eine in einem gegebenen Sexualobjekt zusammenlaufende Einheit bezeichnet, muss man unter ›Objekt‹ eben ›Personen‹ verstehen, damit im Gegenzug die Sexualtriebe von anderen, psychologisch bestimmbaren Personen verkörpert werden.

Der Freudianismus ödipalisiert sich in dem Moment, in dem die vieldeutigen und nicht personalisierten Organbeziehungen sich in Beziehungen zwischen ganzen Personen verwandeln, welche die Wirklichkeit der primären Organbeziehungen darstellen. Nach Freud funktionieren die Partialtriebe stets unabhängig, sie suchen, »jeder für sich, ihre Lustbefriedigung am eigenen Leibe«.[169] Doch Freuds Nachfolger neigen immer mehr dazu, die Beziehung des Partialtriebs zu seinem stets partialen Objekt (Busen, Penis) von Kindheit an als eine Beziehung zu ganzen Personen zu deuten, insbesondere zur Mutter. Der KPF-Theoretiker Muldworf geht dabei sogar so weit, den Mythos von der ›Verschmelzung‹, in der Mutter und Kind eins sind, zu verteidigen, womit er dem Trieb eine Tendenz zur psychologischen Konstituierung der Personen zuspricht![170] Der partielle Charakter des Triebes und der Begriff des ›Partialobjekts‹ unterliegen der gleichen Problematik wie jener Begriff des ›Perversen‹, den Freud im Zusammenhang mit dem Polymorphismus des Begehrens gebraucht.

Und doch hat Freud hinreichend klargestellt, wie die Unterscheidungen zwischen Normalität und Abweichung sowie zwischen Partialität und Gesamtheit in Bezug auf das Sexualobjekt zu verstehen sind: Die »Abweichungen in Bezug auf das Sexualobjekt« sind zu verstehen als »Abweichungen in Bezug auf das Sexualziel«[171], das an die Genitalität gebunden ist. Abweichungen solcher Art betreffen erogene Zonen, die *nicht genital* sind; als solche sind sie ein universelles Phänomen, das allerdings – und hierin liegt Freuds Ambivalenz – als unverzicht-

---

169 Freud, Die Disposition zur Zwangsneurose, S. 446.
170 Vgl. Muldworf, Le métier de père (Anm. d. Hrsg.).
171 Freud, Drei Abhandlungen, S. 34 & S. 48.

bare Voraussetzung für die Konstituierung des ›Normalen‹ angesehen wird, das als die unvermeidliche Krönung der sexuellen Entwicklung gilt und dem selbst noch die Abweichungen als Etappen seines Weges dienen. Für Freud ist »unabweisbar […], daß jedem Individuum eine Oral-, Anal-, Harnerotik usw. zugesprochen werden muß, und daß die Konstatierung der diesen entsprechenden seelischen Komplexe kein Urteil auf Abnormität oder Neurose bedeutet.«[172] Mit anderen Worten: Das Begehren ist zu Beginn ein universell verbreitetes Ganzes, ein Ensemble aus verschiedenen nicht-exklusiven Trieben, aus Erotismen, die auf koexistierenden Organverkoppelungen beruhen, kombiniert nach dem Muster ›sowohl – als auch‹, nicht nach dem Muster ›entweder – oder‹.

Um nun von einem solchen inklusiven System zu einem exklusiven zu gelangen, in dem jede Wahl eine andere ausschließt, muss man die an ein besonderes Objekt gebundenen Triebe zu persönlichen Merkmalen erklären. Engt man die Objektwahl auf das Verhalten ein, so kann man zwischen *guter und schlechter Wahl*, zwischen *guten und schlechten Objekten*, zwischen Heterosexualität und Homosexualität unterscheiden. Die Wahl wird zur Verantwortlichkeit der ganzen Person, sie wird zum System, das Verhaltensweisen an Objekte kettet, so auch die Homosexualität an die Wahl einer Person des gleichen Geschlechts. Die heterosexuelle Objektwahl wird zum Symbol der erwachsenen Sexualität unter dem Zeichen des Primats der Genitalzone. Freilich behauptet Freud stets, dass Teilkomponenten der Sexualität weiterbestehen, doch von nun an nur noch in Form von Regressionen auf eine frühere Fixierung der Libido, wenn nämlich die homosexuelle Objektwahl sich auf die Ausweitung des Narzissmus und auf die der Analzone beigemessene Bedeutung bezieht. Allerdings betont Freud dabei in einer Fußnote den Unterschied zwischen unserem heutigen Liebesleben, das die Objekte privilegiert, indem es ihnen die Bedeutung von Schuld und Unschuld zuweist, und dem

---

172 Ebd., S. 106, Fn. 1.

Liebesleben der Antike, das den Akzent auf den Eros, d. h. den Trieb legte: »Die Alten feierten den Trieb und waren bereit, auch ein minderwertiges Objekt durch ihn zu adeln, während wir die Triebbetätigung an sich geringschätzen und sie nur durch die Vorzüge des Objekts entschuldigen lassen.«[173] Dieser Vergleich zeigt deutlich, wieweit Freud sich bewusst ist, dass das sexuelle Handeln in unseren Gesellschaften nicht als Produktion angesehen wird, sondern als ein Mangel, der durch das vollständige Sexualobjekt aufgefüllt werden muss. Da diese gesellschaftlich bestimmten Objekte nun die Beseitigung der Undifferenziertheit des Begehrens gestatten, kann die moderne Gesellschaft dem Begehren befehlen: Zärtlichkeiten dürfen nicht auf Abwege geraten, sie haben dem Weg zu folgen, den die etablierte Beziehung zwischen Trieb und Sexualobjekt ihnen vorgezeichnet hat – in ihrer normalen und somit auch in ihrer perversen Form. Doch Freuds Vergleich ist auch zweideutig, insofern er sich damit begnügt, eine Sexualgeschichte mit einer regressiven Antike zu konstruieren, um diese dann auszugrenzen.

Die homosexuelle Perversion muss sich dem Gesetz, das Objekte bestimmten Trieben exklusiv zuweist, ebenso beugen wie dem Gesetz der Fixierung auf die elterlichen Personen: Beides sind Fesseln, die ein Abdriften des Begehrens verhindern sollen. Die streng fixierte Objektwahl sichert gegen die Dezentrierung ab, die Phallus und Genitalität ohne sie erleiden müssten. Bekanntlich verlieren sich die homosexuellen Zärtlichkeiten leichter auf allen Körperzonen als die heterosexuellen, deren Ziel klar fixiert ist. Die relative Ungenauigkeit des Ziels homosexueller Handlungen lässt Raum für vielfältige Formen (von der Fellatio bis zum Analverkehr). Darum ist es hier auch besonders wichtig, den Objektwahlen einen Sinn zu verleihen und ihr wegen ihrer Objekte Schuld zuzuweisen. Die dreifache Gleichsetzung ›Wahl = ausschließliche Wahl = Persönlichkeit‹ hat zwar einige Schwierigkeiten mit der Homo-

---

173 Ebd., S. 48, Fn. 1.

sexualität, aber es gelingt ihr dennoch, die homosexuelle Perversion als ein auf scheinbar natürlichen Gewissheiten beruhendes Verhalten zu konstruieren.

Und wieder war es Freud, der die Naivität jener Leute kritisierte, die glauben, man könne die Verhaltensweisen im Falle der Homosexualität anhand der jeweiligen Objektwahlen feststellen. Die Erfahrung beweist, wie hochgradig absurd die Behauptung ist, dass die ›Effeminierten‹ besonders die ›Virilen‹ liebten und die Virilen ihrerseits die Effeminierten. Die Charakterisierung des als passiv bezeichneten Analverkehrs als etwas ›Effeminiertes‹ beruht nicht einmal auf der materiellen Realität des homosexuellen Geschlechtsverkehrs, bei dem diejenigen, die man für die Virilen hält, keineswegs unbedingt – und nicht einmal in der Mehrzahl der Fälle – die Rolle des ›Mannes‹ spielen.

Ebenso unbewiesen ist, dass die homosexuelle Verweiblichung mit einer bevorzugten Wahl des Phallus als Lustobjekt (*objet de jouissance*) in Zusammenhang steht. Sartres Beschreibung der Fellatio als einer Entmannung des Mannes (interpretiert als eine Art von Kastration) zeigt, dass die Dinge in diesem Bereich keineswegs so simpel sind, wie sie das Ruhekissen der natürlichen Gewissheiten (›die Schwulen lieben das männliche Glied‹) uns glauben machen will.

Der klarste Ausdruck dessen, was die Konstruktion der homosexuellen Perversion anhand der Objektwahl sein kann, findet sich jedoch am Anfang von Prousts *Sodom und Gomorra*. Die heterosexuelle Objektwahl ist einfach und natürlich, der Sexualtrieb scheint sie als etwas Selbstverständliches in sich zu enthalten. Die homosexuelle Objektwahl dagegen ist pervers, da sie die Schwierigkeit sucht: »Liebhaber, denen fast völlig die Möglichkeit der Liebe verschlossen ist, auf welche zu hoffen ihnen die Kraft verleiht, so viele Wagnisse und Einsamkeiten zu ertragen, da sie gerade in einen Mann verliebt sind, der nichts von einer Frau haben, nicht invertiert sein dürfte und sie infolgedessen ja gar nicht lieben kann, so daß ihr Verlangen auf immer ungestillt bliebe, wenn nicht Geld ihnen richtige Männer verschaffte und ihre Phantasie ihnen schließlich dennoch ermöglichte, die Invertierten, mit denen sie sich eingelassen haben, für echte Männer zu halten.«[174]

Die Verwechslung und Vermengung der Objektwahl mit dem Geschlechtscharakter des Subjekts, die Freud in seinem Artikel *Über die Psychogenese eines Falles von weiblicher Homosexualität* aufgedeckt hatte, funktioniert nicht nur für die Normalität, sondern auch für die Homosexualität; bloß dass sie für diese in der perversen Form eines Triebes funktioniert, dem es überaus schwerfällt, sein natürliches Objekt zu finden, wodurch er den Reiz einer fast unmöglichen Existenz bietet. Die Homosexuellen lieben die heterosexuellen Männer, und die heterosexuellen Männer lieben die Frau. Wie in einer gut konstruierten Tragödie sieht sich die homosexuelle Liebe hin- und hergerissen zwischen einer Objektwahl, der sie sich nicht entziehen kann, und der Unmöglichkeit, sie zu befriedigen. Die Perversität des homosexuellen Begehrens wurzelt genau darin, dass es die Karikatur, das Negativ der heterosexuellen Objektwahl bildet; es beantwortet jene Objektwahl, indem es die Stärke der Verbindung zwischen Sexualtrieb und Sexualobjekt bezeugt – und das sogar noch in dem Extremfall, in dem diese Verbindung fast nicht umsetzbar zu sein scheint. Der Sophismus des ›verfluchten Geschlechts‹ und der ganzen homosexuellen Perversion liegt genau darin, dass man ›männlich‹ (*viril*) den nennt, der nicht ›schwul‹ ist, dass man ›schwul‹ den nennt, der den Penis liebt, und dass man mit ›Penis‹ den Phallus als Organ der Männlichkeit (*virilité*) meint. So schließt sich denn der Kreis der unmöglichen Liebschaften.

Aus dieser Doppelbeziehung, in welcher der Perverse im Normalen das unmögliche Objekt seines Begehrens anerkennt, geht der Primat der Genitalität somit gestärkt hervor. Der Ex-Freudianer Adler treibt diesen Primat bis zum Äußersten, wenn er das Motiv des ›männlichen Protestes‹ entwickelt: Adler nimmt an, dass sämtliche sexuellen Phänomene samt

---

[174] Proust, Sodom und Gomorra, S. 29.

ihren jeweiligen Folgen beherrscht werden von einem dem Individuum innewohnenden allgemeinen Trieb, die ›weibliche Linie‹ abzulehnen, um so die männliche Linie zu erreichen oder sich auf ihr zu halten. Adlers Charakterologie ist aus dieser Idee des ›männlichen Protestes‹ abgeleitet.[175] Es ist dies die soziologische Übersetzung des großen Phallus als Signifikant, der die Menschen unterteilt in solche, die einen Penis zu besitzen begehren, und solche, die ihn zu verlieren fürchten.

Ob man den Kern des homosexuellen Triebes als ein Streben nach Inbesitznahme des Penis der anderen beschreibt oder ihn aus der Kastrationsangst ableitet, läuft in der Tat auf dasselbe hinaus. Das Geschlecht reduziert sich auf den Penis, für den Homosexuellen ist er das einzig mögliche sexuelle ›Objekt‹, während die Frau ihrerseits das einzige gesellschaftlich mögliche sexuelle ›Objekt‹ (als ganze Person) bleibt. So wird der Homosexuelle gleichsam zu einem Subjekt, das in seinem tollen Begehren (*fol désir*) nach dem einzig gültigen Partialobjekt – dem Penis – davon träumt, ein Objekt zu sein. Die Gegebenheiten der normalen Sexualität wären demnach, lediglich mit umgekehrten Vorzeichen, auch für die Homosexualität gültig. Die Konzentration auf den Penis beseitigt oder unterwirft alle übrigen Begehrensmaschinen, indem ein geschlossenes und eindeutiges (*univoque*) Personen-Objekt (*objet-personne*) erfunden wird.

Die Verlötung zwischen Verhaltensweisen und Objektwahlen äußert sich hier darin, dass der Homosexuelle sich in ein Substitut der Frau verwandelt – versucht er doch, sich zum Objekt des heterosexuellen Begehrens zu machen, während er dessen ›natürliches‹ Subjekt ist. Dass ein effeminierter Mann im Geschlechtsakt nicht unbedingt die ›Frau‹ sein muss, ändert nichts an dieser willkürlichen, aber beständigen Konstruktion. Der Homosexuelle ist ein ›Trugbild‹ der Frau, ein Bild des Bildes, wird doch die Frau selbst nur durch das Spiel des Imaginären zum einzig möglichen Sexualobjekt gemacht.

---

175 Vgl. Adler, Das Problem der Homosexualität, besonders S. 70f.

›Drittes Geschlecht‹ und Feminin-Maskulin

Die Welt teilt sich in Objekt und Subjekt, in Frau und Mann. Die Männer begehren Frauen, das Begehren der Frauen ist nicht von Belang. Um die Homosexuellen einzuordnen, muss man durch das System des Gleichen oder des Verschiedenen, des Gleichen *und* des Verschiedenen hindurchgehen. Der Homosexuelle ist zugleich verschieden (das ›dritte Geschlecht‹) und gleich (er unterteilt sich in Mann und Frau). Der Diskurs über die Homosexualität zieht im geschlossenen Käfig dieser beiden Möglichkeiten unablässig seine Kreise.

Der Homosexuelle *muss* verschieden sein, sonst wäre jeder homosexuell. Freuds Kampf gegen die Theorie vom ›dritten Geschlecht‹ zum Trotz, taucht sie immer wieder in neuen Formen auf. Die These von der angeborenen Homosexualität hat ihren Reiz nicht verloren: So erlaubt die Chromosomentheorie zum Beispiel eine Versöhnung des Gleichen mit dem Verschiedenen, indem sie unterscheidet zwischen einer kleinen Minderheit von ›Rassen‹-Homosexuellen (diejenigen, die ein Chromosom zu viel haben) und einer breiten Mehrheit von ›Kultur‹-Homosexuellen, die durch die psychologische Geschichte des Individuums erklärbar sind. Die Differenz muss sich auf etwas Gleiches zurückführen lassen, da kein Normaler sich als homosexuell bekennt, doch darf den Homosexuellen dies nicht zum Vorwand für die Annahme dienen, sie seien von der phallischen Vorherrschaft und vom Ödipus befreit. Deswegen war Hirschfelds Versuch, die Befreiung der Homosexuellen ausgehend vom vermeintlich angeborenen und ununterdrückbaren Charakter ihrer Vorlieben zu organisieren, zum Scheitern verurteilt.

Eine solche Theorie hat sicherlich den Vorzug, dass sie der herrschenden Ideologie erlaubt, den Homosexuellen in eine Kategorie zu drängen, die die Bedeutung des Penis als Unterscheidungsinstanz wahrt, ohne die die Homosexuellen ganz einfach zu Frauen erklärt werden könnten. Doch sie birgt auch die Gefahr – jedenfalls, solange nicht sämtliche Homosexuelle in

Konzentrationslager gesperrt werden –, mehr als zwei Geschlechter nebeneinander existieren zu lassen und das simple binäre System aufzugeben. Und wenn es schon drei Geschlechter gibt, warum dann nicht auch noch mehr? Mag die Theorie vom ›dritten Geschlecht‹ auch nicht gänzlich faschistoid sein, so ist sie doch gefährlich. Freud führt seinen Kampf gegen sie im Namen der Interessen der Homosexuellen selbst: Jeder ist mehr oder weniger homosexuell, es gibt überhaupt keinen Grund, die Homosexuellen in eine besondere Kategorie zu fassen. Doch was sich unter dieser Universalisierung der Homosexualität verbirgt, ist in Wirklichkeit die Universalisierung des Ödipus. Es nützt vor allem dem ödipalen Imperialismus, wenn gezeigt wird, dass sich unter dem Verschiedenen das Gleiche verbirgt; es ist vor allem für die normale Sexualität beruhigend zu wissen, dass bei den Homosexuellen dieselben Kategorien wie bei den Heterosexuellen gelten – bestätigt dies doch nur die unbezweifelbare Universalität des signifikanten Phallus! Es ist also nützlich, wenn der Homosexuelle verschieden ist und seine Verschiedenheit zugleich wieder auf etwas Gleiches hinausläuft; es ist unverzichtbar, dass er verschieden ist und zugleich denselben Gesetzen unterworfen.

Nachdem er zuvor die Theorie des ›dritten Geschlechts‹ kritisiert hat, schreibt Freud in seinen *Vorlesungen*: »Diese Perversen nehmen mit ihrem Sexualobjekt wenigstens noch ungefähr dasselbe vor wie die Normalen mit dem ihrigen.«[176] Sie haben sich dabei bloß im Objekt geirrt. Somit kann man die Homosexuellen in männliche und weibliche einteilen und die Universalität jenes Gesetzes, das den Sexualtrieb und sein Objekt verlötet und dessen Karikatur die Homosexuellen sind, erneut an ihnen bestätigen. Man könnte dies die heterosexuelle Konzeption der homosexuellen Welt nennen: Der heterosexuelle Trieb verdrängt die anderen Triebe und zwingt sie dadurch, sich seinem Modell zu unterwerfen. Wie ist es möglich, dass Menschen des gleichen Geschlechts miteinander

---

176 Freud, Vorlesungen, S. 315.

eine Sexualität praktizieren, die als Beziehung zwischen zwei verschiedenen Geschlechtern definiert ist? Einzig und allein vermittels eines Substitutionsspiels, in dem sich das heterosexuelle Grundgesetz wiederfindet.

Doch die Homosexualität droht die Klarheit dieser funktionellen Unterteilung nach Subjekt und Objekt, Mann und Frau, zu trüben. Alle Debatten, die die Psychiater in regelmäßigen Abständen untereinander führen[177], um dahinterzukommen, ob die Homosexualität eine Perversion ist oder nicht eher eine Vielzahl unterschiedlicher, willkürlich unter diesem Begriff zusammengefasster Phänomene, erklären sich durch dieses zweifache Bedürfnis: dem Prinzip ›unterteile und herrsche‹ (*subdiviser pour régner*) zu folgen und gleichzeitig die perverse Andersartigkeit aufrechtzuerhalten. Ferenczi hat diese auf die Homosexualität angewandte Kombinatorik der Geschlechter am weitesten entwickelt. In seinem Artikel *Zur Nosologie der männlichen Homosexualität* unterteilt er die Homosexualität in einer immer noch gängigen Weise in Männlichkeit und Weiblichkeit. »Mir schien von Anfang an, daß man die Bezeichnung ›Homosexualität‹ heutzutage auf allzu ungleichartige und im Wesen nicht zusammengehörige psychische Abnormitäten anwendet. Sexuelle Beziehungen zum eigenen Geschlecht sind ja nur ein *Symptom*«.[178] Freud schreibt: »Was man aus praktischen Gründen Homosexualität heißt, mag aus mannigfaltigen psychosexuellen Hemmungsprozessen hervorgehen, und der von uns erkannte Vorgang ist vielleicht nur einer unter vielen und bezieht sich nur auf einen Typus von ›Homosexualität‹.«[179] Doch leider können sich die Homosexuellen nicht lange ihrer anerkannten Diversität erfreuen, da sie in eine neue Klassifizierung einmündet. Ferenczi unterscheidet im Weiteren eine ›Subjekt-Homoerotik‹ und eine ›Objekt-Homoerotik‹: »Ein

---

177 Siehe dafür besonders die mehrfach genannte Nummer der *Revue française de psychanalyse*.
178 Ferenczi, Zur Nosologie der männlichen Homosexualität, S. 185, Herv. i. O.
179 Freud, Eine Kindheitserinnerung des Leonardo da Vinci, S. 171.

Mann, der sich im Verkehr mit Männern als Weib fühlt, es in bezug auf sein eigenes Ich invertiert (Homoerotik durch Subjektinversion oder kürzer ›Subjekt-Homoerotik‹), er fühlt sich als Weib, und zwar nicht nur beim Genitalverkehr, sondern in allen Beziehungen des Lebens.«[180] Diesem passiven Homosexuellen tritt nun natürlich ein homosexueller Mann gegenüber, ein aktiver Homosexueller: »Dieser fühlt sich in jeder Hinsicht ein Mann, ist meistens sehr energisch und aktiv, nichts Weibisches ist an seiner körperlichen oder seelischen Organisation zu entdecken. Einzig *das Objekt* seiner Neigung ist vertauscht, so daß man ihn einen *Homoerotiker durch Vertauschung des Liebesobjekts* oder kürzer einen *Objekt-Homoerotiker* nennen könnte.«[181]

Hier verkettet die Charakterlehre den Sexualtrieb auf das Sicherste mit seinem Objekt: Der subjektive Homoerotiker fühlt sich von männlichen und reifen Männern angezogen, der objektive Homoerotiker von zarten Knaben. Krafft-Ebing hatte bereits die Existenz zweier Nervensysteme im Individuum, eines männlichen und eines weiblichen, behauptet. Die geläufige Definition des Invertierten als ›weibliches Gehirn im männlichen Körper‹ vervollständigt sich hier durch eine detaillierte Charakterlehre. Freilich merkt Ferenczi in einer Fußnote an, dass er sich über den ideologischen Charakter der Bestimmungen ›weiblich‹ und ›männlich‹, angewandt jeweils auf den Invertierten und den Homoerotiker, durchaus im Klaren sei. Doch er präzisiert das Porträt wie folgt: »Es soll hier nur angedeutet werden, daß ich unter *Männlichkeit* die *Aktivität* (Aggressivität) der Libido, hochentwickelte Objektliebe mit Überschätzung des Objekts, eine damit nur scheinbar kontrastierende Polygamie und als entferntes Derivat der Aktivität die intellektuelle Schärfe verstehe, unter *Weiblichkeit* aber *Passivität* (Verdrängungsneigung), Narzißmus und Intuitivität. Natürlich sind die psychischen Geschlechtsmerkmale in jedem

---
[180] Ferenczi, Zur Nosologie der männlichen Homosexualität, S. 186, Herv. i. O.
[181] Ebd., Herv. i. O.

Individuum – wenn auch in ungleichem Mengenverhältnis gemischt (Ambisexualität).«[182] Alles ist demnach eine Frage der richtigen Dosierung, wenn auch die allgemeinen Merkmale immer wieder durchschlagen. Hier liegt eine der schönsten Darstellungen der herrschenden Sexualideologie samt der ihr zugehörigen Werte vor, und sie entstand wie durch Zufall in Bezug auf die Homosexualität.

Sartres *Saint-Genet* macht sich zuweilen zum getreuen Spiegelbild dieser Darstellung: »Diese im Subjekt selbst vorhandene Priorität des Objekts vor dem Subjekt führt, wie wir sehen, zur Passivität in der Liebe, und diese läßt, wenn sie einen Mann schlägt, ihn zur Homosexualität neigen.«[183] Der Invertierte oder Subjekt-Homoerotiker inkarniert den hoffnungslos Perversen, jenen, den die klassische Psychiatrie zuvorderst in die Hölle verdammt. Ferenczi bemerkt dazu auch noch: »Der echte Invertierte wendet sich aus eigenem Antrieb fast nie an den Arzt, er fühlt sich in der passiven Rolle vollkommen wohl [...].«[184] Er ist absolut verschieden vom Manne und absolut gleich der Frau. Den männlichen oder Objekt-Homoerotiker »quält dagegen das Bewußtsein seiner Abnormität ungemein; der Geschlechtsverkehr befriedigt ihn nie vollständig, er ist von Gewissensbissen gefoltert [...]. Daß er, von Konflikten geplagt, sich mit seinem Zustand nie abfindet, beweisen seine wiederholten Versuche, dem Übel mit ärztlicher Hilfe beizukommen.«[185] Der Objekt-Homoerotiker ist, als heilbarer Perverser, der sich seiner Schuld bewusst ist, dem Manne absolut gleich. Drittes Geschlecht und notwendige Gleichheit gehen hier miteinander einher: Die Inversion ist nach Ferenczi »eine wahre ›sexuelle Zwischenstufe‹ (im Sinne von Magnus Hirschfeld und seiner Anhänger), also eine reine *Entwicklungsanomalie*; die Objekt-Homoerotik aber ist eine Neurose,

---

[182] Ebd., S. 187, Fn. 7, Herv. i. O.
[183] Sartre, Saint-Genet, S. 133.
[184] Ferenczi, Zur Nosologie der männlichen Homosexualität, S. 186f.
[185] Ebd., S. 186.

und zwar eine *Zwangsneurose*«.[186] Inversion ist unheilbar, Objekt-Homoerotik ist heilbar. Der Parallelismus ist ein nur scheinbarer, es handelt sich vielmehr um ein komplementäres Verhältnis.

Die Homosexuellen sind auf diese Weise funktionell unterteilt worden: Entweder unterscheiden sie sich von den Normalen durch das Objekt ihres Begehrens und gleichen ihnen als Subjekt, oder sie unterscheiden sich von den Normalen als Subjekte, gleichen ihnen aber durch das Objekt. Die Kategorien von verschieden und gleich operieren mithin recht wirksam unter ihnen. Auch Freud unterscheidet in den *Drei Abhandlungen zur Sexualtheorie* die »absolute« Inversion, ähnlich Ferenczis ›Subjekt-Homoerotik‹, in welcher der Mann sich als Frau fühlt, und eine »amphigene« oder »psychosexuell-hermaphroditische« Inversion[187], in der bestimmte männliche Funktionen gewahrt bleiben. Alle diese funktionellen Einteilungen der Homosexualität laufen in jedem Fall auf die Wiederherstellung der Prinzipien Subjekt-Objekt und männlich-weiblich (*mâle-femelle*) in der homosexuellen Verkehrung hinaus. Letztendlich gewährleistet diese von Ferenczi analysierte Komplementarität der beiden Arten von Homosexuellen die Existenz einer kleinen homosexuellen Welt, die das Glück hat, Punkt für Punkt mit der heterosexuellen Welt vergleichbar zu sein, ihr metaphorisch verbunden zu sein wie eine Parallelmenge der anderen, während zugleich der Fluch auf ihr lastet, nichts anderes als die perverse Karikatur der Normalität zu sein: Die ›männlichen‹ Homosexuellen, die das Bewusstsein davon verkörpern, wären demnach tatsächlich nur Neurotiker. Ferenczi schreibt: »Es kommt vor, daß sich zwei Homoerotiker von verschiedenem Typus zu einem Liebespaar vereinigen. Der Invertierte findet einen ganz entsprechenden Liebhaber im Objekthomoerotiker, der ihn anbetet, materiell unterstützt, imposant und energisch ist; dem Objektiven dagegen mag im Invertierten

---

186 Ebd., S. 188, Herv. i. O.
187 Freud, Drei Abhandlungen zur Sexualtheorie, S. 34f.

gerade die Mischung von männlichen und weiblichen Zügen gefallen.«[188] Damit ist die Situation in ihrer neurotischen Instabilität gesellschaftlich stabilisiert: Die kleine homosexuelle Welt ist geschlossen, doch zugleich unfähig zu einem Leben für sich und in sich allein – das permanente Ungleichgewicht bedroht sie in Form der Neurose des ›männlichen‹ Homosexuellen. Ferenczi fügt gleich noch ein Korrektiv an: »Übrigens kenne ich auch aktive Homoerotiker, die sich ausschließlich nichtinvertierte Jünglinge wünschen und sich nur in Ermangelung solcher mit Invertierten begnügen.«[189] Hier haben wir das Gegenstück zu Prousts Beschreibung: Für Proust sind die Homosexuellen ständig auf der Suche nach einem richtigen Mann und bekommen es dabei immer nur mit falschen Männern zu tun – falsch eben in dem Sinne, dass sie zum Geschlechtsverkehr mit Männern bereit sind; Ferenczis Objekthomoerotiker hat es seinerseits mit falschen Jünglingen zu tun und begehrt dabei den unmöglichen jungen Mann, der bereit wäre, für ihn eine Frau zu sein. Die so verstandene homosexuelle Welt spiegelt lediglich die Kohärenz der heterosexuellen Welt durch ein Substitutionsspiel, das ihre Neurose aufrechterhält.

Man kann sich sogar noch einen Spiegel des Spiegels vorstellen; Ferenczi schreibt: »Es muß übrigens bemerkt werden, daß viele Invertierte gegen Zärtlichkeiten seitens Personen weiblichen Geschlechts durchaus nicht ganz unempfänglich sind. Sie leben eben *im Verkehr mit Frauen* (also ihresgleichen) gleichsam die *homosexuelle Komponente* ihrer Geschlechtlichkeit aus.«[190] Es wäre natürlich unendlich viel einfacher, wenn man in diesem Sachverhalt eine Störung der funktionellen Unterteilung durch das Hervortreten der fundamentalen Undifferenziertheit des Begehrens erblickte. Allerdings wäre es sicherlich nicht so wirksam für die Konstruktion des imaginären Systems, in dem sich Mann, Frau und Homosexueller befinden.

---

188 Ferenczi, Zur Nosologie der männlichen Homosexualität, S. 187.
189 Ebd.
190 Ebd., S. 190, Herv. i. O.

Desgleichen vermerkt Ferenczi: »Sehr reich an Umkehrungen sind die *Träume* der Homoerotiker [...]. Die Symptomhandlung des Versprechens und Verschreibens beim Gebrauch des *Geschlechtsartikels* ist häufig. Der eine Patient brachte sogar eine bisexuelle Zahl zusammen: Die Zahl 101 bedeutete dort, wie sich aus dem Zusammenhang ergab, u.a., daß es ihm von ›vorn und hinten gleich‹ sei.«[191] Dieser Patient bezeugte, wenn auch nur symbolisch, die Gleichgültigkeit des Begehrens gegenüber den funktionellen Einteilungen, in die man es einsperrt. Trennt man zwischen Objekt und Subjekt, zwischen dem Trieb und dem, worauf er sich richtet, nach der Regel ›wenn es verschieden ist, gleicht es sich an, und wenn es gleich ist, differenziert es sich‹, so kann man sogar noch diejenigen Phänomene erklären, die für eine Ausschlusslogik widersprüchlich sind. Freud weist darauf hin, dass man im Allgemeinen meint, der Invertierte fühle sich von Männlichkeit (*virilité*) angezogen, während er doch offensichtlich mindestens ebenso sehr von Weiblichkeit (*féminité*) angezogen ist (siehe seine Vorliebe fürs Schminken, etc.). Dieser Hinweis Freuds hat überhaupt keinen Sinn im Rahmen eines Systems, das die Weiblichkeit (*féminité*) dem Objekt und die Männlichkeit (*virilité*) dem Subjekt reserviert und im Falle der Inversion das Ganze einfach umgekehrt. Er erhält jedoch seinen vollen Sinn, wenn man die Differenz zwischen Objekt und Subjekt kritisch betrachtet. Musil stellt zu Törleß' Entdeckung fest: »Es war allerdings etwas wie Leidenschaft in Törleß erwacht, aber Liebe war ganz gewiß nur ein zufälliger, beiläufiger Name dafür, und der Mensch Basini nicht mehr als ein stellvertretendes und vorläufiges Ziel dieses Verlangens. Denn wenn sich Törleß auch mit ihm gemein machte, sein Begehren sättigte sich niemals an ihm, sondern wuchs zu einem neuen, ziellosen Hunger über Basini hinaus.«[192] Und als der Direktor im Verhör herauszufinden sucht, wie man Törleß' Verhalten oder Neigung bezeichnen könnte, antwortet ihm

191 Ebd., S. 192, Fn. 15, Herv. i. O.
192 Musil, Die Verwirrungen, S. 155.

dieser: »Ich kann nicht dafür, daß es all das nicht ist, was Sie meinten.«[193]

Masochismus und Homosexualität

Die Aktiv-Passiv-Einteilung als System, um sich die anthropomorphisierte Sexualität vorzustellen, zieht wie selbstverständlich den Verweis auf den Masochismus nach sich. Für die klassische Psychoanalyse freilich ist der Status des Masochismus von dem der Homosexualität verschieden: Sacha Nacht erklärt im Kapitel ›Der Masochismus in der männlichen Homosexualität‹ seines Buches *Le masochisme*, dass »diese Nachbarschaft einer Perversion und einer masochistischen Neurose auf den ersten Blick überraschend sein mag«.[194] In der Tat mag sie das sein, beginnt doch jede Psychoanalyse regelmäßig mit einer respektvollen Reverenz vor dem Freud'schen Prinzip, demzufolge »die Neurose [...] das Negativ der Perversion«[195] ist. Doch bekanntlich gewinnt die Perversion, ungeachtet aller Vorsichtsmaßnahmen der analytischen Sprache, am Ende unvermeidlich den Charakter einer Neurose zurück, sobald sie Teil des Diskurses psychiatrischer Erklärung wird. Für Nacht ist es ein und derselbe Mechanismus, der zur passiven Homosexualität und zum moralischen Masochismus führt: die Angst vor dem Mann als dem Bild des Vaters (*image paternelle*) und die feminine, passive Identifikation mit der Mutter. »Bei einem Knaben, der sich später der Inversion zuwenden wird, gibt es zu Anfang eine Anwandlung von Kampflust [...]. Doch ist dieser Ansatz zu einer aggressiven Orientierung erst einmal erstickt worden, so löst er sich in Masochismus auf [...]. Diese masochistische Disposition wird dann im weiteren Verlauf noch gestärkt, wenn nämlich das Individuum seine Inversion in

---

193 Ebd., S. 193.
194 Nacht, Le masochisme, S. 256.
195 Freud, Drei Abhandlungen zur Sexualtheorie, S. 65.

homosexuellen Praktiken verwirklicht.«[196] Die Verknüpfung der bekennenden Inversion (nicht etwa der von der Verdrängung der Homosexualität hervorgerufenen Störungen) mit dem Masochismus – eine erneute Bestätigung der unvermeidlichen Transformation, die vom zwangsweise ödipalisierten Begriff der homosexuellen Perversion verursacht wird – funktioniert bestens, so widersprüchlich sie auch erscheinen mag.

Die Inversion spitzt sich durch den Masochismus zu, weil sich die Perversion notwendigerweise durch die Neurose zuspitzt.

Der sogenannte ›moralische‹ Masochismus ist eine Art Konzentrat der Ödipalisierung, in ihm findet sich die diffuse Schuld der Homosexualität in reinem Zustand. Die masochistische Ödipalisierung gewährleistet das gute und das schlechte Gewissen der Sexualität in der Inversion. Die Lust (*jouissance*) in der Schuld, die Schuld der Lust und schließlich die Lust an der Schuld herrschen hier unbeschränkt. Freud schreibt in den *Drei Abhandlungen zur Sexualtheorie*, in der Analyse hätten sich Fälle masochistischer Perversion als Endresultat einer »ursprünglichen passiven Sexualeinstellung«[197] erwiesen, die wohlgemerkt mit dem das Schuldbewusstsein formenden Kastrationskomplex verbunden ist. Die Analyse des Masochismus fügt ein zusätzliches Glied an jene Kette, die Passivität, Narzissmus, Homosexualität und Schuld verbindet – und zwar vermittels der Kastrationsangst, der Angst vor dem Außen, vor den Männern als Trägern des Phallus und den Frauen, denen er fehlt. So will etwa Sartres Genet Räuberschach spielen, die Regeln umkehren in der unterwürfigen und fügsamen Erniedrigung dessen, der ›sich sodomisieren lässt‹.[198] Nach Sartre gibt es keine Lust für den Sodomisierten, keine Lust für Divine, der auf der Toilette masturbiert, nachdem er sich seinem Manne hingegeben hat, denn der Orgasmus ist immer nur genital, und

---

196 Nacht, Le masochisme, S. 257.
197 Freud, Drei Abhandlungen zur Sexualtheorie, S. 58.
198 Vgl. Sartre, Saint-Genet, vor allem die Passage S. 203ff.

anal sind nur die Schande und der Schmerz. Der Masochist ist ein Invertierter des Schmerzes, einer, der das Leiden als Lust (*plaisir*) nimmt, indem er das Imaginäre des Herrn Satz für Satz auf den Kopf stellt.

Was uns hier interessiert, ist die Art und Weise, in der die Psychoanalyse vorgeht, um ihren Taschenspielertrick zu vollführen, und alles, was mit Analerotik zu tun hat, unweigerlich mit konstitutioneller Schuld belegt.

Den Kategorien von aktiv und passiv, in die man den Homosexuellen gemeinhin einordnet – als ›Arschficker‹ (*enculeur*) und als ›Arschgefickten‹ (*enculé*) –, lässt man die analytischen Kategorien des Sadismus und des Masochismus entsprechen. Diese Entsprechung wird dadurch möglich, dass der Sadismus, so wie Freud ihn definiert, eine Unterscheidung zwischen aktiv und passiv erlaubt, die der Unterscheidung zwischen männlich und weiblich vorausgeht. In dieser Polarität, die in der analen Phase auftritt, knüpfen sich, »von der Genitalphase her betrachte[t] […], Strebungen mit passivem Ziel […] an die […] erogene Zone des Darmausganges«, wie Freud in seinen *Vorlesungen* erklärt.[199] Die Umwandlung des Sadismus in Masochismus, d.h. die Wendung des Sadismus gegen das Subjekt selbst, ist ein »Triebschicksal der Verdrängung«[200] im Moment der Herausbildung des Ich; dies Triebschicksal befleckt alles, was mit dem (passiven) analen Lustgewinn zu tun hat, mit Schuld. Dass die masochistische Lust (*plaisir*) in ihren beiden Formen – der durch die Aggression des anderen empfundenen und der aus der Lust des anderen gewonnenen – zwangsläufig schuldhaft ist, liegt daran, dass sie, wie Freud mehrfach schreibt, ein »unbewußtes Schuldgefühl«[201] voraussetzt. Angesichts der ursprünglich passiven Rolle, die der Analität zugeschrieben wird, folgt daraus jedoch, dass auch die Analität das Schicksal des Masochismus teilt. Alles, was den

---

199 Freud, Vorlesungen, S. 339.
200 Freud, Triebe und Triebschicksale, S. 232.
201 Freud, Das ökonomische Problem des Masochismus, S. 373.

Anus tangiert (*touche à l'anus*), ist schuldig. Der anal Penetrierte (*l'enculé*) ist masochistisch, selbst wenn er kein Masochist ist. Er mag genießen (*jouir*), so viel er will – den Texten zufolge hat er nicht bloß kein Recht dazu, sondern kann es auch gar nicht.

Das Stadium des Narzissmus ist der Angelpunkt der Unterscheidung zwischen Subjekt und Objekt; das Stadium der Analerotik ist der Angelpunkt der Unterscheidung zwischen aktiv und passiv. Die libidinöse Produktion tritt ein ins ödipale Theater.

Die wirkmächtige Rolle, die der moralische Masochismus als Erzeuger der homosexuellen Schuld spielt, ist in den *Verwirrungen des Zöglings Törleß* recht deutlich. Zu Anfang kann sich Törleß nicht zwischen Sadismus und Masochismus entscheiden, nicht etwa, weil der Sadismus primär und der Masochismus sekundär wären, sondern weil für diese Unterscheidung ein kontrollierendes Über-Ich nötig wäre, das sich in jenem kleinen Kreis erst durch das Spiel des Imaginären zwischen den vier Schülern herausbilden muss. Törleß hört »gar nicht mit Aufmerksamkeit zu«, wenn Beineberg seine faschistoiden »metaphysischen Gedankengänge«[202] von sich gibt, er bringt sein Begehren in keinen Zusammenhang zu einem Gerede, das ihm keinen direkten Bezug zur Situation zu haben scheint. Aber er begreift schnell, worum es geht: Der gemeinsam mit den beiden anderen gegen Basini verübte Sadismus lässt ihn das Spiel der Scham entdecken: »er schämte sich, daß er seinen Einfall den anderen preisgegeben hatte.«[203] Und in dem Augenblick, als Törleß selbst sich zu Recht fragt, ob er nicht seinerseits zum masochistischen Objekt seiner beiden Kameraden werden wird, organisiert Basinis Bekenntnis das System des Imaginären und der Schuldzuweisung: »Er sagt,

---

202 Musil, Die Verwirrungen, S. 79.
203 Ebd., S. 102. Das Zitat steht im Kontext einer sadistischen Verhörszene, in der Basini, auf Törleß' Einfall hin, von Reiting und Beineberg gezwungen wird, sich zu erniedrigen, indem er sich selbst als Dieb und als Tier bezeichnet (Anm. d. Hrsg.).

wenn er mich nicht schlagen würde, so müßte er glauben, ich sei ein Mann, und dann dürfte er mir gegenüber auch nicht so weich und zärtlich sein.«[204] Es ist Basini, der Reitings Worte – Worte der Rechtfertigung, in denen er selbst seinen Platz findet – an einen zögernden Törleß weitergibt; die Unterteilung des homosexuellen Handelns in Lust (*plaisir*) und Leid, in schlagen und geschlagen werden, organisiert das Genießen (*jouissance*) der Schuld (Lust am Leiden, Wunsch geschlagen zu werden). Ein solches System konstruiert sich erst durch das auf den anderen projizierte Imaginäre. Dabei ist der Masochismus ebenso wenig sekundär wie der Sadismus primär. Törleß' Sadismus ist eher eine Befragung über Sadismus, ein im Verhältnis zu seinem primären Masochismus sekundärer Sadismus. Ängstlich befragt er Basini darüber, was dieser empfindet, wenn man ihn schlägt: »Ja, ich quäle dich. Aber nicht darum ist es mir; ich will nur eines wissen: Wenn ich all das wie Messer in dich hineinstoße, was ist in dir? Was vollzieht sich in dir? [...] Sag!«[205] Törleß kommt so schlecht zurecht mit all den Begriffen, die man ihm vorschlägt und bei denen sein Begehren nicht weiß, was sie bedeuten können. Törleß' Verwirrungen sind die eines polymorphen Begehrens, das von den Hinweisschildern des schuldzuweisenden Imaginären verwirrt ist. Er würde gern empfinden, was Basini empfindet, doch im selben Moment fühlt er die beunruhigende Präsenz des faschistoiden[206] Über-Ich von Beineberg und Reiting. Er wäre Basini, wenn Basini zu sein nicht die Existenz der beiden anderen voraussetzte, ebenso wie er Masochist wäre, wenn dies nicht die Existenz des Sadismus voraussetzte, und homosexuell, wenn dies nicht die Existenz der Heterosexualität voraussetzte.

---

204 Ebd., S. 143.
205 Ebd., S. 148.
206 In der französischen Version steht hier nicht *fascisant* (»faschistoid«), sondern *fascinant* (»faszinierend«). Während dieser offensichtliche Fehler in der englischen Übersetzung übernommen wurde, hat der Übersetzer der deutschen Erstausgabe, Burkhart Kroeber, ihn stillschweigend korrigiert (Anm. d. Hrsg.).

Die Cruisingmaschine

Als Törleß den nackten Basini vor sich stehen sieht, überfällt ihn brutal das Begehren, das er mit einem erschrockenen Rückzug abwehrt: »›Es ist doch ein Mann!‹«[207], sagt er zu sich selbst. Dem Begehren zu begegnen, heißt zuallererst, den Unterschied der Geschlechter zu vergessen. Auch Aschenbach wird von der Schönheit regelrecht überfallen und kann sie nur mittels einer rationalisierenden kunsttheoretischen Betrachtung aushalten: »Mit Erstaunen bemerkte Aschenbach, daß der Knabe vollkommen schön war. Sein Antlitz [...] erinnerte an griechische Bildwerke aus edelster Zeit, und bei reinster Vollendung der Form war es von so einmalig persönlichem Reiz, daß der Schauende weder in Natur noch bildender Kunst etwas ähnlich Geglücktes angetroffen zu haben glaubte.«[208] Alle Metaphern über das Wunderbare der homosexuellen Begegnung lassen sich hierin zusammenfassen: Wo das Begehren handelt, hat das Imaginäre keinen Platz mehr. Für Proust ist der Vergleich zwischen Jupiens Begegnung mit Charlus und der Begegnung einer Hummel mit einer Blüte der geeignete Ausdruck für diese unmittelbare Verkoppelung, die den gesellschaftlichen Abläufen so fremd ist; demgegenüber ist das Betreten eines Salons für den jungen Proust die auf die Spitze getriebene soziale Angst in Form der imaginären Beziehung: »Was werden sie über mich denken?«[209] Als Proust im Salon der Guermantes zum ersten Mal hört, wie der Ausrufer seinen Namen brüllt, packt ihn die unvergleichliche soziale Angst dessen, der stets befürchtet, das Objekt einer Mystifikation zu sein. Ist es ein Zufall, wenn Proust unmittelbar hinter dem Herzog von Châtellerault eintritt, der in dem Ausrufer seinen Liebhaber vom vorigen Abend wiedererkennt – jenen Liebhaber, dem er

207 Musil, Die Verwirrungen, S. 140.
208 Mann, Der Tod in Venedig, S. 35f.
209 Diese Stelle wird von Hocquenghem fälschlicherweise als direktes Zitat des jungen Marcel ausgegeben, vgl. Proust, Der Weg nach Guermantes, S. 571 (Anm. d. Hrsg.).

wohlgemerkt seinen Namen nicht genannt hatte? Auch zwischen Jupien und Charlus geschieht alles namenlos, und auch der Name Tadzio ist nur eine willkürliche Rekonstruktion Aschenbachs. In Wirklichkeit sind der Cruisingmaschine Namen und Geschlechter ganz egal. Das Sichtreibenlassen (*dérive*), in dem alle Begegnungen möglich werden, ist der Moment, in dem das Begehren produziert, ohne Schuld zuzuweisen. Und wer jemals – etwa an einem Samstagnachmittag im Pariser Jardin des Tuileries – dem seltsamen Ballett einer homosexuellen Cruising-Area beigewohnt hat, der versteht zutiefst die Proust'sche Beschreibung von der Unschuld der Blumen.

Es heißt im Allgemeinen, dass die sogenannte homosexuelle ›Dispersion‹, der Umstand, dass die Homosexuellen ihre Liebesbeziehungen, von denen jede einzelne nur einen Moment andauert, vervielfachen, eine grundlegende Instabilität der homosexuellen Situation ausdrückt, eine durch all diese kurzen, als unbefriedigend betrachteten Liebschaften hindurch angestellte Suche nach der *einen* erträumten Person. Auf der Ebene dessen, was die Schwulen selbst meinen oder in sich selbst zu entdecken glauben, wird das homosexuelle Cruisen wahrscheinlich wirklich so erlebt. Doch anstatt diese Dispersion der Liebesenergie als Unfähigkeit zur Orientierung auf ein Zentrum zu interpretieren, lässt sich darin das System der nicht-exklusiven Verkoppelungen des vielschichtigen Begehrens *in actu* erblicken. Aschenbachs Sichtreibenlassen in Venedig verbindet sich mit einer schuldigen Sexualität, indem sie ein einziges Objekt identifiziert, gemäß dem Prinzip: »Ein einziges Wesen fehlt euch – und alles ist entvölkert.«[210] Die homosexuelle Lage wird als unglücklich erfahren, weil man ihre maschinelle Dispersion in Begriffen des Mangels und der Substitution deutet. Es kann im Gegenteil so scheinen, als komme die enorme Überlegen-

---

[210] Dieses oft und fälschlicherweise Victor Hugo zugeschriebene Bonmot stammt aus dem Gedicht *L'Isolement* des Epikers Alphonse de Lamartine (1790–1869) und lautet im französischen Original: *Un seul être vous manque, et tout est dépeuplé* (Anm. d. Hrsg.).

heit der homosexuellen Liebschaften genau daher, dass alles jederzeit möglich ist, dass die Organe sich suchen und verkoppeln, ohne das Gesetz der exklusiven Disjunktion zu kennen. Die homosexuelle Begegnung findet nicht im eingegrenzten Innenraum des Privaten statt, sondern im Freien, draußen, in den Wäldchen und an den Stränden. Das Umherschweifen des Homosexuellen, der aufmerksam auf alles achtet, was sich an sein Begehren ankoppeln könnte, erinnert an das, was Deleuze und Guattari »das Umherschweifen des Schizophrenen«[211] nennen. Möge sich das System des homosexuellen Cruisens, das so unendlich viel direkter und weniger schuldbeladen ist als das komplexe System der »zivilisierten Liebschaften«[212], jenen ödipal-moralischen Mantel abwerfen, unter dem sich zu verstecken man es zwingt, und man wird sehen, in welchem Grade seine maschinelle Dispersion der Existenzweise des Begehrens selbst entspricht.

---

211 Deleuze/Guattari, Anti-Ödipus, S. 7.
212 Vgl. Fourier, Fausseté des amours civilisés.

V. Der homosexuelle Kampf

Ende des 19. Jahrhunderts gab es in Deutschland mit Magnus Hirschfelds ›Wissenschaftlich-humanitärem Komitee‹[213] eine Bewegung zur Verteidigung und Rechtfertigung der Homosexualität angesichts ihrer gesellschaftlichen Unterdrückung. Etwa die gleichen Funktionen erfüllte in Frankreich der ›Club Arcadie‹.[214] Was wir hier mit ›homosexuellem Kampf‹ meinen, ist etwas grundlegend anderes: Es geht nicht mehr um eine Rechtfertigung oder Apologie, oder gar um einen Versuch zur besseren Integration der Homosexualität in die Gesellschaft. Wovon hier vielmehr einzig die Rede sein soll, ist die Art und Weise, in der die neuen Bewegungen, die der radikalen Linken nahestehen und sich ausdrücklich als homosexuell bezeichnen, das allgemein angenommene Verhältnis zwischen Begehren und Politik verändert oder umgeworfen haben. Homosexueller Kampf, nicht Kampf für die Homosexualität: Was hat sich durch diesen Bruch, den die homosexuellen Bewegungen aufgerissen haben, tatsächlich verändert?

---

213 Der Sexualwissenschaftler Magnus Hirschfeld (1868–1935) gründete 1897 gemeinsam mit anderen das *Wissenschaftlich-humanitäre Komitee* (WhK). Das WhK, das eng mit Hirschfelds Institut für Sexualwissenschaft verbunden war und die These eines biologischen dritten Geschlechts der Homosexuellen vertrat, gilt weltweit als die erste Organisation, die sich öffentlich für die Entkriminalisierung der Homosexualität einsetzte (Anm. d. Hrsg.).
214 Die ›homophile‹ *Association Arcadie*, von André Baudry 1954 unter dem Eindruck des Kinsey-Reports gegründet, war die erste Schwulen-Organisation in Frankreich (Anm. d. Hrsg.).

Die Revolution des Begehrens

Wilhelm Reich hat beschrieben, wie die Wiedereinführung des Homosexualitätsparagraphen in der UdSSR jenem Prozess entsprach, den man den Aufstieg des Stalinismus zu nennen pflegt. »Im März 1934 erschien das Gesetz, das den Geschlechtsverkehr unter Männern verbietet und bestraft […]. Diesem Gesetze nach wurde der Geschlechtsverkehr zwischen Männern als ›soziales Verbrechen‹ bezeichnet, das in leichteren Fällen mit drei bis fünf Jahren […] bestraft wird. So erschien die Homosexualität wieder in einer Reihe mit anderen sozialen Verbrechen: Banditismus, Konterrevolution, Sabotage, Spionage usw.«[215] Zur Zeit der Sowjetrevolution hatte die Homosexualität Reich zufolge noch von einer allgemeinen Toleranz profitiert, die sich in der *Großen Sowjetischen Enzyklopädie* darin niederschlug, dass man sich auf die Thesen Hirschfelds und Freuds bezog.[216]

Die Repressionsinstanzen erweisen sich meistens als bedeutend haltbarer als die revolutionären Bewegungen. Reich gründet seine Analyse auf den Gegensatz zwischen dem revolutionären Charakter der Sowjetunion und seiner unvermeidlichen Degeneration. Aus derselben Perspektive werfen die heutigen revolutionären Bewegungen den ›offiziellen‹ kommunistischen Parteien meistens Verrat und Degeneration vor. Wenn in Frankreich die Kommunistische Partei durch den Mund Roland Leroys verkündet: »Und schließlich hält sich [der Klassenfeind] immer noch etwas in Reserve, gleichsam als eine Glut unter der Asche: eine kleine Barrikade für den Vorabend des Referendums, Homosexuelle für den 1. Mai […]«, dann stöhnt und jammert der Einheitsflügel derer, die gesellschaftliche Veränderungen wollen. Roland Leroy spricht, wenn er das Beispiel der Homosexuellen streift, vom Gegensatz zwischen der »demokratischen und revolutionären Ordnung« und der

---

215 Reich, Die sexuelle Revolution, S. 259.
216 Vgl. dazu auch: Hahn, Français encore un effort. L'homosexualité et sa répression.

»linksradikalen Unordnung«.[217] Ob man die Unterdrückung des Begehrens im Namen der höheren Interessen der Menschheit oder im Namen der höheren Interessen des Proletariats organisiert, ist hinsichtlich der Auswirkungen genau identisch. Das Auftreten homosexueller Bewegungen hat als Erstes zur Folge, dass diese Identität zutage tritt.

Es ist durchaus möglich, dass die revolutionäre Politik in sich selbst eine Repressionsinstanz ist. Zu welcher Schlussfolgerung führt unter diesem Blickwinkel eine Gegenüberstellung von Reich und Freud? Reich dachte in Begriffen revolutionärer Politik, er praktizierte sogar eine Sexualpolitik, die das einzige Beispiel einer revolutionären Bewegung war, in der die Sexualität bewusst miteinbezogen wurde. Gegen die von Freud behauptete Unvermeidlichkeit der Unterdrückung des Begehrens[218] entwarf Reich das erste Projekt einer sexuellen Revolution, die das Problem des Glücks frontal angeht. Er sah, was Freud nicht wahrhaben wollte, dass das berühmt-berüchtigte Realitätsprinzip nicht unveränderlich ist, sondern auf der Vorherrschaft der heterosexuellen Familie beruht. Er zeigte sogar, dass das gesellschaftliche Verdrängungssystem genau darauf abzielt, die ödipale Unterdrückung als unwandelbar erscheinen zu lassen. Reich analysierte das Phänomen des Faschismus in Kategorien des Begehrens und verzichtete damit auf die weinerliche Haltung, die der bürgerliche Liberalismus und der verknöcherte Marxismus miteinander gemein haben. Doch Reichs ›sexuelle Revolution‹ lässt sich leider darauf herunterbrechen, dass es der natürliche Drang des Mannes zur Frau und der Frau zum Mann sei, was da unterdrückt wird. Derselbe Wilhelm Reich schreibt: »Nach der Auffassung der Sexualökonomie ist die Homosexualität in der überwiegenden Mehrheit der Fälle die Folge einer sehr frühzeitigen Entwicklungsstörung der gegengeschlechtlichen Liebesfunktion.«[219] Und weiter: »Zusammenfassend darf man sagen: 1. Die Homosexualität ist kein

---

217 Alle Zitate aus: Leroy, L'ordre démocratique et révolutionnaire, o.S.
218 Vgl. insbesondere Freud, Das Unbehagen in der Kultur.
219 Reich, Die sexuelle Revolution, S. 258.

soziales Verbrechen, sie schadet niemand. 2. Sie ist einzig einzuschränken durch Herstellung aller Voraussetzungen des natürlichen Liebeslebens der Masse. 3. Bis zur Erfüllung dieses Ziels muß sie als der heterosexuellen gleichberechtigte Art der Befriedigung gelten und (von der Verführung Puberiler abgesehen) straffrei sein.«[220] Die sexuelle Revolution löst das Problem der Homosexualität durch deren natürliches Verschwinden, kombiniert mit einem Minimum an Unterdrückung. In *Massenpsychologie des Faschismus* spottet Reich mehrfach über die Homosexualität in den Zeltlagern der Hitlerjugend und spricht von einer »Entwicklung homosexueller Neigungen und Beziehungen zwischen Jungens, die sonst nie an derartiges dachten«.[221] Es reicht nicht, dem Wort ›Revolution‹ einfach das Adjektiv ›sexuell‹ voranzustellen, um sich von der heterosexuellen Normativität zu lösen, ja man könnte fast sagen: im Gegenteil. Aus diesem Blickwinkel gesehen beweist Freud, so reaktionär seine politische Position auch gewesen sein mag, mehr Verständnis für das polymorph perverse Begehren als der Kommunist Wilhelm Reich.

Zwischen dem Begehren und der Revolution gibt es stets etwas, das sich nicht fügt; daher auch die ewige Klage derer, die wohl wollten, aber nicht können, bis zu denen, die wohl könnten, aber nicht wollen, zum Beispiel also von der radikalen Linken bis zur Kommunistischen Partei.

Wir müssen den Traum einer Versöhnung zwischen den offiziellen Hütern der Revolution und dem Ausdruck des Begehrens aufgeben. Man kann das Begehren unmöglich dazu bringen, sich in den Rahmen einer Revolution zu integrieren, die bereits schwer an der historischen Tradition der ›Arbeiterbewegung‹ trägt. Außerdem muss die revolutionäre Forderung sich aus der Bewegung des Begehrens selbst ergeben. Was wir brauchen, ist nicht nur ein neues Revolutionsmodell, sondern eine radikale Infragestellung der Inhalte, die traditionell mit

---

220 Ebd., S. 260.
221 Reich, Massenpsychologie des Faschismus, S. 199.

dem Begriff der Revolution verbunden werden, insbesondere der Vorstellung einer Machtübernahme.

Hier ist es den homosexuellen Bewegungen gemeinsam mit anderen gelungen, einen Bruch aufzureißen, durch den schlagartig deutlich geworden ist, wie reaktionär die Erwartung eines Umsturzes ist, der von einem virilen, raubeinigen, breitschultrigen Proletariat herbeigeführt werden soll.[222] Wenn Wilhelm Reichs gemeinsam mit der KPD unternommener Versuch, die revolutionäre Tradition mit dem Auftauchen des Begehrens zu versöhnen, sich im Hinblick auf die Homosexualität als dermaßen reaktionär erwiesen hat, so zeigt dies gerade, dass aus genau diesem politisch völlig unbearbeiteten und marginalen Feld eine radikale Infragestellung erwachsen kann. Der apolitische Charakter des Homosexuellenproblems – apolitisch in dem Sinne, dass es in der traditionellen revolutionären Politik nicht vorkommt – ist vielleicht gerade seine Chance. Und all die anderen gerade auftretenden, (im amerikanischen Sinne) ›radikalen‹ Bewegungen teilen sich mit der Homosexuellenbewegung dieses Merkmal: Sie sind unbelastet von einer politischen Vergangenheit (Frauenbewegung, Umweltbewegung, etc.) und marginal in Beziehung zu den von den revolutionären Programmen üblicherweise aufgeworfenen Fragen.

Die Frage der Homosexualität ist eine jener Fragen, die so lange nicht gestellt werden, wie die Betroffenen sie nicht selbst stellen. Sie ist marginal, sogar ihrem Wesen nach, denn sie ist ›den Massen‹ völlig fremd.

Ein progressives Blatt wie *Politique Hebdo* überschrieb einen Artikel über den *Front homosexuel d'action révolutionnaire* mit dem Titel »*Révolutionnaires par la bande*«.[223] Die damit ausgedrückte Kritik betonte zum einen, dass es nicht besonders revolutionär sei, eine Erektion zu haben (*bander*), und

---

[222] Vgl. hierzu Front homosexuel d'action révolutionnaire (FHAR), Rapport contre la normalité. Einige der Texte daraus finden sich in Dieckmann/Pescatore (Hg.), Elemente einer homosexuellen Kritik (Anm. d. Hrsg.).
[223] So der Titel eines Artikels von Gabriel Glazounov in der Ausgabe Nr. 6 der *Politique Hebdo* vom 9. Dezember 1971 (Anm. d. Hrsg.).

zum anderen, dass derartige Bewegungen nur über Umwege (*par la bande*) eingreifen und nicht aus der Mitte der gesellschaftlichen Problematik heraus. Es ist das Schicksal des Begehrens, nur über Umwege einzugreifen, damit jedoch anzuzeigen, dass sich die wirkliche Mitte am Rande befindet, oder dass es überhaupt keine Mitte mehr gibt.

Die revolutionäre Tradition erhält die Trennung zwischen dem Öffentlichen und dem Privaten als eine Selbstverständlichkeit aufrecht. Kennzeichen der homosexuellen Intervention ist dagegen, dass sie das Private, das schambesetzte kleine Geheimnis der Sexualität, in die Öffentlichkeit, in die gesellschaftliche Organisation eingreifen lässt. Die homosexuelle Intervention zeigt auf, dass neben (und vielleicht sogar im Widerspruch zu) den bewussten politischen Besetzungen, die auf den durch ihre Interessen vereinigten großen gesellschaftlichen Massen beruhen, ein System unbewusster oder libidinöser Besetzungen existiert, dessen Unterdrückung genau davon abhängt, in welchem Grade die politische Unterteilung des Begehrens fähig ist, sich für die allein Mögliche zu halten. Im Schatten der Mauer, die das Privatleben vom politischen Leben trennt, kann eine reaktionäre libidinöse Besetzung mit einer politisch-bewussten Besetzung, die progressiv oder gar revolutionär ist, sehr gut koexistieren. Daniel Guérin bemerkte zu dem oben genannten Artikel von Roland Leroy, dass es keineswegs etwas Neues war, dass Homosexuelle in den Reihen der Demonstration zum 1. Mai mitlaufen. Neu war nur eines: Erstmals sagten die Homosexuellen innerhalb der Demonstration laut heraus, dass sie Homosexuelle sind. Und so erklärt auch die KPF, sie missbillige nicht die Homosexualität, sondern die Vermischung der Kategorien (*mélange des genres*), das Auftauchen rein privater (und folglich politisch bedeutungsloser) Probleme in der Sphäre der offiziellen Beziehungen zwischen gesellschaftlichen Klassen. Daher streben die homosexuellen Bewegungen auch nicht danach, als neue politische Kraft neben den anderen anerkannt zu werden; ihre bloße Existenz selbst steht im Widerspruch zum System des politischen Denkens, weil sie unter eine andere Problematik fällt. Die Bourgeoisie bringt die proletarische Revolution hervor, definiert dabei jedoch selbst den Gesamtrahmen, innerhalb dessen sich der Kampf abzuspielen hat. Man könnte diesen Rahmen die Zivilisation nennen, die historische Kontinuität, an der jede gesellschaftliche Kraft teilhat. In diesem Sinne spricht Freud zu Recht vom ›Unbehagen in der Kultur‹[224] – man könnte sagen, vom Unbehagen *der* Kultur. René Schérer bemerkt in seiner Einleitung zu Charles Fouriers *L'ordre subversif*: »In dieser Hinsicht ist das Aufkommen der Bourgeoisie und des Proletariats ein Phänomen *innerhalb der Zivilisation*. Das, worum es in ihrem Kampf geht, lässt sich in diesem Fall ebenso gut darstellen als die Aneignung der *Zivilisation* durch die eine oder die andere Klasse.«[225] Aus dieser Perspektive gesehen erscheinen die homosexuellen Bewegungen als zutiefst ›anti-zivilisiert‹, und es ist kein Zufall, dass manch einer hierin das Ende der Fortpflanzung und damit auch das Ende der menschlichen Spezies erblickt. Es geht hier auch nicht einmal um die Frage, ob man den Klassenkampf durch einen Zivilisationskampf ersetzen könnte, der den Vorteil böte, den politischen und ökonomischen Kampf um einen kulturellen und sexuellen zu erweitern. Eine solche ›Erweiterung‹ stellt den Begriff der Zivilisation selbst in Frage, es wäre also mit Fourier der Gedanke eines Kampfes *gegen* die Zivilisation als ödipale Generationenfolge wiederaufzunehmen. Die Zivilisation bildet das Deutungsraster, durch welches sich das Begehren in eine soziale Kohäsionskraft, eine Kraft des gesellschaftlichen Zusammenhalts umwandelt. Die ›wilden‹ Arbeiterbewegungen, das heißt diejenigen, die sich außerhalb des allgemein akzeptierten politischen Rahmens abspielen, ohne bestimmte Forderungen und

---

224 Die französische Übersetzung dieser Freud'schen Schrift lautet *Le malaise dans la civilisation*. Wenn Hocquenghem im Folgenden von ›Zivilisation‹ schreibt, bezieht er sich also nicht nur auf Fouriers Zivilisationskritik, sondern auch auf den Begriff der Kultur als Zwang zum Triebverzicht, wie ihn Freud in *Das Unbehagen in der Kultur* entwickelt (Anm. d. Hrsg.).
225 Schérer, A Propos Fourier, S. 147, Herv. i. O.

sogar ohne den Willen zur Machtübernahme, haben Anteil an der Auflösung dieses Zusammenhalts. Die redlichsten Teile der radikalen Linken werden diesen ›wilden‹ Bewegungen ihr Begehren nach einer anderen Gesellschaft als Mangel zuschreiben. Zu glauben, dass das Wilde auf seine Weise ein zukünftiges Zivilisiertes sei, so wie das Kind ein zukünftiger Erwachsener, ist hier schon zu viel. Die homosexuelle Bewegung ist wild, insofern sie nicht der Signifikant von etwas anderem ist, einer neuen ›gesellschaftlichen Organisation‹, einer neuen Etappe der zivilisierten Menschheit, sondern der Bruch in dem, was Fourier »das System der Falschheit der zivilisierten Liebe«[226] nennt: Die homosexuelle Bewegung zeigt auf, dass die Zivilisation jene Falle ist, in der sich das Begehren verfängt.

Wieso die Homosexualität?

Ist Freud auch hellsichtiger als Reich in der Frage der die Sexualität konstituierenden Kräfte, so hält er sich zum Ausgleich dafür – und dies erlaubt es ihm, seine Entdeckung einzuschließen – an eine reaktionäre These, indem er das Begehren in den Rahmen der familialen Privatisierung zwängt. Deleuze und Guattari schreiben: »Große Bedeutung mißt Freud seiner These zu, daß die Libido nur so weit das gesellschaftliche Feld als solches besetze, wie sie sich desexualisiere und eine Sublimierung erfahre.«[227] Die Homosexualität der homosexuellen Bewegungen besetzt das gesellschaftliche Feld nun aber direkt, ohne zuvor die Sublimierung durchlaufen zu haben; ja sie entsublimiert sogar so viel sie irgend kann, indem sie alles sexualisiert.

Doch wieso die Homosexualität? Wozu sich ausgerechnet dieser partikularen Kategorie, dieser künstlichen Unterabtei-

---

[226] Vgl. Fourier, Fausseté des amours civilisés.
[227] Deleuze/Guattari, Anti-Ödipus, S. 456.

lung des Begehrens verschreiben? Deleuze und Guattari proklamieren doch schließlich: »Zum Beispiel ist eine ›Homosexuelle Front‹ so lange nicht möglich, wie Homosexualität und Heterosexualität in einer Beziehung exklusiver Disjunktion gesehen werden, die beide auf einen gemeinsamen ödipalen und Kastrationsursprung verweist, dem aufgegeben ist, allein ihre Differenzierung in zwei nicht kommunizierenden Serien zu fixieren«.[228] Was in diesen Sätzen nicht deutlich wird, während es doch die tatsächliche Rolle der Homosexualität erklärt, ist: Das Ödipus-System ist nicht nur eines der exklusiven Disjunktion, es ist auch das System, in welchem ein durch die Disjunktionen abgetrennter Sexualmodus – die familiale Heterosexualität – alle anderen Sexualmodi unterdrückt. Genau dadurch aber nähert es die unterdrückten Sexualmodi, während es sie einzuschließen versucht, der ursprünglichen Undifferenziertheit des Begehrens an. Prinzipielle Positionen sind hier nicht hinreichend: Es ist festzuhalten – und die Zitate in diesem Buch belegen das ausführlich –, dass im homosexuellen Protest sehr oft der ganze Protest gegen die ödipalen Unterteilungen überhaupt zum Vorschein kommt; dass mit den homosexuellen Bewegungen die sexuellen Probleme der Menschen insgesamt zum Vorschein gekommen sind. Der unter den Frauen bereits seit längerer Zeit artikulierte Protest hat seine Entsprechung unter den Männern erstmals in dieser besonderen Form gefunden. Die zum Beispiel vom FHAR behandelten Themen drehen sich um die Kritik der Normalität in ihrer Gesamtheit.[229]

Im Übrigen wäre es absurd, wollte man den Polymorphismus des Begehrens dadurch zurückgewinnen, dass man die verschiedenen Formen der ödipalen Sexualität zueinander addierte, dass man also die Homosexualität durch die Heterosexualität vervollständigte. Diese Formen sind ja in sich selbst willkürliche Unterteilungen. Der Unterschied zwischen Mann und Frau

---

228 Ebd., S. 454.
229 Vgl. FHAR, Rapport contre la normalité.

ist selbst bereits eines der Grundelemente des familial-ödipalen Systems. Darum stellt sich für die homosexuellen Bewegungen auch nicht so sehr das Problem des besonderen Sexualobjekts, sondern eher die Frage nach der Betriebsweise (*mode de fonctionnement*) einer Sexualität. Die Nicht-Exklusivität des Begehrens drückt sich nicht auf der Ebene des Objektes und der Objektwahl aus, sondern auf der Ebene des Betriebssystems (*système de fonctionnement*) selbst. Hier gäbe es viel zu sagen über jenes für gewöhnlich ›homosexuell‹ genannte System als System des Cruisens und der maschinellen ›Dispersion‹[230] und als derart von Sexualität besessenes System, dass man ihm gern vorwirft, es mangele ihm an Seele und an Gefühl.

Demnach nutzt es gar nichts, wenn man der Homosexualität die Bisexualität als vollständigeres System sexueller Diversität gegenüberstellt. Es wäre sogar ideologisch fragwürdig, wollte man – im Namen des Prinzips, dass nichts ausgeschlossen sei – die von der Norm Abweichenden in eine nicht bloß besondere, sondern in unserer Gesellschaft herrschende Form der Sexualität zurückführen. Die familiale Heterosexualität beherrscht die gesamte zivilisierte Sexualität, und so ist der Durchgang durch sie gewiss keine Befreiung. Zwischen dem, wovon die homosexuellen Bewegungen sprechen, und der herrschenden Form von Sexualität ist keinerlei Symmetrie möglich. Mit anderen Worten: Wenn es Bisexualität geben soll, oder vielmehr – denn warum die Beschränkung auf zwei? – das Ende der sexuellen Norm überhaupt, so nur im Durchgang durch den konkreten Auflösungsprozess, den die homosexuellen Bewegungen begonnen haben. Manche Frauen haben erklärt (und sie wissen besser als jeder andere, wie wenig das Erreichen der Heterosexualität eine Errungenschaft ist), dass sie an die Bisexualität nur als ein Derivat der Homosexualität glauben könnten. So unpräzise diese Formel auch sein mag, sie scheint doch richtig; was die Homosexuellen zurückweisen, ist nicht die Liebe zur Frau als besonderem Sexualobjekt, sondern

---

230 Vgl. hierzu den Abschnitt »Die Cruisingmaschine«, S. 121–123.

das gesamte Subjekt-Objekt-System als Grundlage der Unterdrückung des Begehrens.

Die Erfahrung hat jüngst sowohl in Europa als auch in den USA gezeigt, dass Frauenbewegungen und Homosexuellenbewegungen ungefähr gleichzeitig auftreten. Alles verläuft so, als könne die Gesellschaft beim Mann nicht dulden, was sie von der Frau verlangt, als seien die Beherrschung der Frau und die Verdrängung der Homosexualität ein und dasselbe. Man kann also den homosexuellen Bewegungen kaum vorwerfen, sie hätten kein Verhältnis zu den Frauen – es sei denn, man wollte damit jene Schuldhaftigkeit wieder einführen, die man doch gerade auflösen wollte. Deleuze und Guattari weisen darauf hin, dass die Frauen völlig im Recht sind, wenn sie auf die Anschuldigung, sie verrieten durch ihre Revolte nur ihren Penisneid, erwidern: »Wir sind nicht kastriert, ihr stinkt uns!«[231] Auch die homosexuellen Bewegungen erwidern, dass sie keine Kastrationsangst haben, in der sich angeblich ihre Angst vor Beziehungen zu Frauen zeigen soll, und dass sie im Übrigen mit derlei Begriffen überhaupt nichts zu schaffen haben. Die Gefahren, die der Homosexualität drohen, die Falle des Begehrens, die man ihr stellt, liegen woanders: Sie liegen in dem, was hier als ihre kulpabilisierte Pervertierung bezeichnet werden soll.

Die homosexuelle Situation, wie sie von den genannten Bewegungen geschaffen wird – nicht wie sie seit langer Zeit in der Gesellschaft gegeben ist –, hat den unschätzbaren Vorzug, dass sie nicht in Prinzipien existiert, sondern real, in Taten, stattfindet, verankert im konkreten Alltag, also dort, wo die Trennung zwischen öffentlich und privat endet. Ein gewisser Teil der radikalen Linken schrie empört: ›Sakrileg!‹, als der FHAR dieses Zitat Jean Genets in Erinnerung rief: »Wäre ich nie mit Algeriern ins Bett gegangen, so hätte ich viel-

---

231 Deleuze/Guattari, Anti-Ödipus, S. 77. Der Ausruf »et on s'en fout« ist mit »ihr stinkt uns« nicht wirklich gut übersetzt; vielmehr bedeutet er so etwas wie »und es ist uns scheißegal« (Anm. d. Hrsg.).

leicht niemals die Algerische Befreiungsfront unterstützen können.«[232] Eine linke Zeitung erwiderte: »Wir würden zweifellos nie auch nur die geringste Unterdrückung der Homosexualität fordern, gleich was wir über sie denken. Wenn allerdings das politische Handeln damit vermengt wird, wird die Sache schwierig.«[233] Hier stoßen wir wieder auf die Vorstellung Roland Leroys: ›Die Aufhebung der Grenzen ist ein Skandalon; tut es, aber redet nicht in der Öffentlichkeit davon!‹ Auffallend ist, dass auch eine auf antiarabischen Rassismus spezialisierte Zeitung wie *Minute* jenes Genet-Zitat aufgriff und süffisant dazu bemerkte: »Zumindest in diesem Bereich wird der Kolonialismus andersrum ausgeübt.«[234] Zwischen vielen Arabern und vielen Homosexuellen bestehen Begehrensbeziehungen, die nicht statthaft sind; also wirft man einen ödipalmoralischen Mantel darüber, was übrigens von den Betroffenen selbst nachhaltig durchlebt werden kann. Der arabische Nationalismus – der etwa von einigen arabischen Studenten in Frankreich vertreten wird – spricht häufig auch von einem invertierten Kolonialismus, allerdings nicht im Scherz: Er erinnert zu Recht daran, dass die kolonialistische Päderastie die jungen Araber gegen bescheidene Bezahlung ausgebeutet hat. Doch gleichzeitig hält er an der Auffassung fest, dass die als kolonialistische Erfindung verstandene Homosexualität eine Form von Degeneration und Ausschweifung sei, und lässt die Homosexualität im arabischen Volk nur als ein Substitut für allzu schwierige Beziehungen zu Frauen gelten. Dieselbe Auffassung findet man in Hinblick auf Strafgefangene, so als sei die Homosexualität bei ihnen stets nur eine aus Not, eine Sexualität Armer und Unterdrückter, das Gegenstück zu der degenerierten Homosexualität der Bourgeoisie. Man muss zugestehen, dass

---

[232] In Auseinandersetzung mit der trotzkistischen Gruppe *Lutte Ouvrière* zitiert der FHAR in der *tout!* (Nr. 13, S. 2) recht frei aus dem auf Englisch erschienenen Interview Genets mit dem *Playboy* 1964 (Nr. 11, S. 45–53) (Anm. d. Hrsg.).
[233] Ohne Autor*in, Tout ou rien, o.S.
[234] Ohne Autor*in, Le front rose se met au F.H.A.R. rouge, o.S.

eine derartige Begehrensbeziehung anscheinend nur dank der Ausrede einer Not- oder Zwangssituation ausgelebt werden kann. Doch gerade der schuldzuweisende Charakter von Erklärungen dieser Art macht sie suspekt, durch sie bekommen die homosexuellen Bewegungen Gelegenheit zu einer Intervention, die nicht auf einer prinzipiellen Solidarität beruht, sondern auf einer Begehrensbeziehung.

Es gibt eine Kategorie von Unterdrückten, der sich die zivilisierte Fürsorge ganz besonders nachdrücklich annimmt: die Jugendlichen, die sexuell Minderjährigen. Ödipus beruht auf der Generationenfolge und auf der Opposition zwischen dem Kind und dem Erwachsenen. Selbstverständlich ist es der Erwachsene, der das Kind verführt, und wenn einer von beiden homosexuell ist, dann kann es natürlich nur der Erwachsene sein. Doch nun bekräftigen viele Jugendliche ihr Begehren, verführt zu werden, und fordern das Recht, über ihre Sexualität selbst zu verfügen. *Minute* gibt den süffisanten Ton auf, um sich diesem ernsten Thema zu widmen: »All das könnte ganz einfach bloß grotesk sein. Aber wenn man die homosexuellen Gymnasiasten auffordert, sich zu organisieren und die Repression durch die Lehrer aufzudecken, dann wird die Sache widerlich.«[235] Die ersten Widerstände gegen die Psychoanalyse entstehen daraus, dass sie die Existenz einer kindlichen Sexualität behauptet (sie deckt sie allerdings nur auf, um sie besser und schneller dem Ödipus und der Sublimierung zum Fraß vorzuwerfen, mit Hilfe der Einschließung in die berühmte ›Latenzperiode‹). Hier wie auch im Falle der Araber behauptet das politische Denken die Existenz von Unterdrückern (Europäer oder Erwachsene) und Unterdrückten (Araber oder Kinder), um die mögliche Begehrensbeziehung besser ausschließen zu können. Von da an ist es nicht mehr schwer, diese Beziehung aus der Unterdrückung herzuleiten.

Die ›politischen‹ Positionen der homosexuellen Bewegungen resultieren folglich nicht aus der elementaren Klassifizie-

---

235 Ebd.

rung in progressiv und reaktionär, da sie ja eben diese Klassifizierung selbst in Frage stellen. Die Beziehungen dieser Bewegungen zu anderen Kämpfen, deren Ziel ebenfalls die Zerstörung der Repressionsinstanzen ist, lässt sich kaum mit den Beziehungen vergleichen, die politisch-revolutionäre Bewegungen sonst für gewöhnlich miteinander unterhalten. So geschah es etwa im Namen des Kampfes gegen die Normalität, von der die bengalische Befreiungsbewegung als mit dem maoistischen Volkskrieg-Modell nicht konform definiert wurde, dass einige Homosexuelle die ersten Formen dieser Revolte unterstützten. Im Namen des Kampfes gegen Sexismus, Männlichkeitskult und den ›Krieg nach amerikanischer Art als Männlichkeitsspiel‹ nahm die amerikanische Homosexuellenbewegung am Protest gegen den Vietnamkrieg teil. Derartige Spaltungen mögen dem zivilisierten politischen Denken als artifiziell erscheinen. Und doch erweisen sie sich als Träger einer eigenständigen Wirksamkeit. Das wimmelnde Durcheinander von Jugend-, Homosexuellen-, Frauen-, Umwelt-, Kommunenbewegungen usw. lebt Politik nicht auf verschiedene Weise. Alle gehen sie von einer bestimmten Begehrenssituation aus (vom Verhältnis zum Geschlecht, zur Natur, zum Wohnen usw.) und nicht, wie es die Tradition der Arbeiterbewegung will, von auf allgemeinen politischen Theorien beruhenden Strategien; die politische Welt beruht auf der Konfrontation solcher Theorien, die ›wahr‹ sind unabhängig davon, wer sie vertritt. Das Auftreten der sogenannten ›autonomen Bewegungen‹, d.h. derer, die das Gesetz des Signifikanten ablehnen und sich selbst erst recht kein Gesetz geben, hat diese politische Welt zutiefst erschüttert.

Es herrscht dort größte Verwirrung in dem Sinne, dass der Zusammenhang zwischen jenen Begehrenssituationen nicht nach dem Modell der Logik Signifikant-Signifikat gestiftet wird, sondern eher nach dem der Logik des Ereignisses. Daher wäre es vergebliche Mühe, wollte man die Wechselbeziehungen zwischen diesen Bewegungen in rationelle und strategische Begriffe fassen. Es ist nicht zu verstehen, dass eine Bewegung wie der FHAR in enger Verbindung mit den Umweltbewegungen steht (der FHAR beteiligte sich zum Beispiel an der Pariser ›Fahrrad-Demonstration‹ gegen die vom Autoverkehr verursachte Luftverschmutzung im Frühjahr 1972) – und doch ist es so. Für das Begehren sind das Auto und die familiale Heterosexualität ein und derselbe Feind, auch wenn sich dies in der politischen Logik nicht ausdrücken lässt.

Die Falle des Perversen

Ein triumphaler Ton ist fehl am Platze, wenn vom gesellschaftlichen Kampf des Begehrens die Rede ist. Wir haben bereits darauf hingewiesen, wie unbefriedigend die Vermengung der Termini ›Homosexueller‹ und ›homosexuelles Begehren‹ ist. Die dem Begehren gestellte Falle, die das Gesetz im Innern des Protestes verankert, ist immer noch da. Wir wissen, wie akzeptabel die Homosexualität ist, solange sie sich selbst als Perversion versteht. Und gewiss ist eine homosexuelle Bewegung durch ihre bloße Selbstproklamation noch nicht vor dieser perversen Integration gefeit. Die von der gesellschaftlichen Unterdrückung aufgestellte Falle besteht darin, dass das Verbot so laut ausgesprochen wird, dass sich das Begehren im Gegenzug auf das angeblich Verbotene konzentriert und dass diejenigen, denen das Verbot eigentlich ganz egal wäre, Lust bekommen, es zu übertreten. *France Dimanche* beginnt seine mehrfach zitierte Untersuchung nicht mit dem üblichen Rückgriff auf die Griechen, sondern – journalistische Kühnheit macht sich bezahlt – mit einer Präsentation des FHAR. Der Titel des ersten Artikels lautet: »Heutzutage wagen es die Homosexuellen in Frankreich, sich am helllichten Tag zu zeigen!«[236] Man verspürt den säuerlichen Geschmack der Übertretung, wenn einer ›es wagt, sich am helllichten Tag zu zei-

---

[236] Erster Teil der Serie ›La Vérité sur l'homosexualité en France‹ in der France Dimanche (Nr. 1328 vom 15. Februar 1972).

gen‹. Dieser Geruch von Skandal, dieser politische Striptease enthält sein eigenes Gegengift. Er schließt die homosexuelle Bewegung in einen Rechtfertigungsdiskurs ein, er lässt das Ereignis zur Rolle gerinnen.

Dies wird umso deutlicher, als das gegen das Begehren zielende Vorgehen von *France Dimanche* die Aussagen von Ärzten und von Homosexuellen nach dem Geschmack der großen liberalen Debatten als gleichwertig nebeneinanderstellt: »Wir werden Homosexuelle zu Wort kommen lassen, die uns ihre eigenen Erfahrungen beschreiben. Ärzte, die das Problem seit Jahren erforschen, werden über ihre Arbeit berichten«[237], heißt es zu Beginn der Artikelserie. So werden die Aktivisten der Homosexuellenbewegungen auf ganz natürlichem Wege allmählich zu Spezialisten der Homosexualität – Seite an Seite mit den Psychiatern und den Sozialarbeiterinnen.

Das homosexuelle Begehren war in ein Spiel der Scham eingeschlossen; es ist nicht weniger pervers, es nun in ein Spiel des Stolzes einzuschließen. Man schämt sich ja wirklich immer ein wenig, dass man stolz darauf ist, homosexuell zu sein. Sich zum eifrigen Propagandisten der Homosexualität zu machen, den Verweis auf die Freud'sche Bisexualität in einen Verweis auf eine homosexuelle ›Natur‹ zu verwandeln, die einer heterosexuellen ›Natur‹ entgegengestellt sei, heißt, im Rahmen des Systems der zivilisierten Liebe zu verbleiben.

Das Perverse ist seinem Wesen nach zivilisiert, und wenn Fourier von der Zivilisation als der ›subversiven Ordnung‹ spricht, so drückt er etwas ganz Ähnliches aus. Zivilisation ist für ihn subversiv, insofern sie das Begehren als Schuld organisiert. Subversion und Perversion sind hier folglich keine Synonyme für Befreiung, ganz im Gegenteil. René Schérer schreibt: »Die Zivilisation ist falsch, weil ihre Bewegung der verhinderte Gang der Leidenschaften, ihr *subversiver Aufschwung (essor subversif)* ist.«[238] Was man braucht, um die Zivilisation zu

---

237 Ebd.
238 Schérer, A Propos Fourier, S. 152, Herv. G.H.

zersetzen, weil sie »als theoretisches Ganzes, das praktisch den Sinn einer repressiven Totalität hat«, funktioniert, ist »nicht eine *gute* oder *richtige* Theorie, sondern die Freisetzung der Leidenschaften, deren Aufschwung von der Zivilisation gehemmt wurde«.[239] Der subversive Aufschwung der Leidenschaften ist aber nicht bloß deren Unterdrückung, sondern ihr Eintritt in den Status der Perversion.

Die zivilisierte Subversion, der perverse Status des Begehrens, ist der Wurm in der Frucht der Leidenschaften. Perversität zu fordern heißt für die Homosexuellen, die Idee einer Opposition zweier klar begrenzter Geschlechter zu akzeptieren und zu meinen, es genüge bereits, dass einige Männer sich die Weiblichkeit überstreifen, um diese Opposition in Frage zu stellen. Die Konzeption, die sich in Sartres hier so oft zitiertem Text abzeichnet, macht aus Genet den seines Verrats sicheren Homosexuellen, der damit Träger einer hohen Bedeutung wird. Den homosexuellen Bewegungen liegt jedoch überhaupt nichts daran, sich selbst als Instrumente des Verrats darzustellen: Verraten heißt immer noch, das Gesetz der Normalität anzuerkennen. Die geschminkten ›Tunten‹ (*tantes*) sind nicht ›feminin‹, nicht daraus ziehen sie ihre antagonistische Kraft. Sartre kommt der Realität dieser Bewegung schon näher, wenn er schreibt: »Genets Femininität ist ein sich verflüchtigendes Sein, die reine Anfechtung der Männlichkeit (*virilité*).«[240] Die ›Tunten‹ wollen ebenso wenig Männer wie Frauen sein. Sie treiben die Decodierung des Begehrensstroms bis zum Äußersten.

Was uns hier interessiert, ist nicht die perverse Psychologie der Homosexualität mit ihrem Gefolge an Rollen und Spiegeln. Die wichtigste Folge des Auftretens homosexueller Bewegungen ist zunächst einmal die jähe Sexualisierung des gesellschaftlichen Felds. Als sie aufkamen, wurde ihnen oft der Vorwurf gemacht, dass sie nur von Sex sprechen und nicht von der Liebe. Ein sehr großer Teil der protestierenden Jugend ist

---

239 Ebd., Herv. G.H.
240 Sartre, Saint-Genet, S. 457.

immer noch dabei, jene humanistischen Wertvorstellungen zu übernehmen, gleichzeitig konstatierend, dass die Bourgeoisie sie fortwährend verrät, indem sie an ihnen festhält.

Die Bewegung der ›Kommunen‹ zum Beispiel beansprucht für sich jene den ›wahren‹ zwischenmenschlichen Beziehungen zugewiesenen Werte, die ein inhumaner Kapitalismus tagtäglich zu zerstören scheint. Aber dieser Versuch einer Reaktivierung der liberalen, humanistischen Werte ertränkt diese Bewegung zumeist in den Fluten einer klebrigen Affektivität, in der schließlich sämtliche Beziehungen von der Analyse ›psychologischer‹ Probleme eingenommen werden. Der Kapitalismus hat den Begehrensstrom decodiert und ihn gleichzeitig in die Privatisierung eingeschlossen. Der Wunsch nach einer Rückkehr ist vergeblich; über die Achtung vor der Person kann man dasselbe sagen, was Marx im *Kommunistischen Manifest* über die Familie schrieb: Der Kapitalismus hat die gesellschaftlichen Grundlagen derartiger Territorialisierungen wahrhaft zerstört, sie können nur noch in der perversen Form künstlicher Reterritorialisierungen wieder auftauchen. Deswegen verwandelt sich diese unmögliche Rückkehr innerhalb der protestierenden Jugend nur in die monströse Entfaltung dessen, was Deleuze und Guattari den »niederträchtigen Wunsch, geliebt zu werden«[241], nennen. Die Sexualisierung der Welt, die die homosexuellen Bewegungen ankündigen, entspricht der auf die Spitze getriebenen kapitalistischen Decodierung, der Auflösung des Humanen; so gesehen verkünden und betreiben die homosexuellen Bewegungen unverblümt die notwendige Enthumanisierung.

---

241 Deleuze/Guattari, Anti-Ödipus, S. 83.

Gegen das pyramidale Prinzip

Eine der Funktionen homosexueller Bewegungen – und nicht ihre Geringste – liegt darin, dass sie der Protest des Protestes sind: bei der Abschaffung des Unterschieds zwischen öffentlich und privat, bei der Zerstörung der zivilisierten Illusion, die das gesamte politische Universum beherrscht, und bei der Auflösung des imaginären Affektsystems dieser Zivilisation. Die homosexuellen Bewegungen entdecken Formen von Unterdrückung gerade innerhalb der Formen der politischen Kämpfe. Die Verbindung der Wörter ›Homosexualität‹ und ›Revolution‹ besitzt offensichtlich eine entmystifizierende Kraft, was Huey P. Newton, der ›Verteidigungsminister‹ der *Black Panther Party*, so zum Ausdruck brachte: »Nichts erlaubt uns zu sagen, dass ein Homosexueller nicht auch ein Revolutionär sein kann. Und es sind wohl nur meine Vorurteile, die mich sagen lassen: *sogar* ein Homosexueller kann ein Revolutionär sein. Im Gegenteil, vielleicht könnte ein Homosexueller der revolutionärste der Revolutionäre sein.«[242] Es gibt keine harmlose Verbindung zwischen diesen beiden Wörtern, keine Möglichkeit einer friedlichen Nachbarschaft zwischen der homosexuellen Bewegung und den traditionellen Formen der Politik. Das politische System funktioniert auf der Basis einer Beziehung zwischen einem Signifikanten und einem Signifikat, auf Basis eines nach dem pyramidalen Prinzip gestalteten Verhältnisses zwischen einem Repräsentanten und den Massen. Die homosexuelle Bewegung stellt genau dieses Signifikat der Massen in Frage, indem sie zunächst einmal zeigt, dass die Abtrennung dieser Massen selbst die Frucht der zivilisierten Ideologie ist. Das homosexuelle Problem ist marginal, und zugleich kann niemand leugnen, dass es ein massives Problem, ein Massenproblem ist, jedenfalls sofern man annimmt – was allgemein

---

[242] Newton, A Letter from Huey Newton to the Revolutionary Brothers and Sisters About the Women's Liberation and Gay Liberation Movements, o.S., Herv. i. O. Eine französische Übersetzung dieses Texts erschien am 23. September 1970 in der ersten Ausgabe der Zeitschrift *tout!* (Anm. d. Hrsg.).

getan wird –, dass die Bisexualität im Sinne Freuds universell ist. Doch dieses massenhafte Ausmaß drückt sich nun gerade nicht in der Existenz einer großen gesellschaftlichen Masse aus, die ihre Repräsentanten delegiert. Diese Massen organisieren sich nicht in der molaren Art der großen gesellschaftlichen Gruppen und ihrer Institutionen, sondern in einer anderen Art, die man als die der kleinen Subjekt-Gruppen (*groupes sujets*) bezeichnen kann. Das Besondere an den homosexuellen Bewegungen ist, dass sie weder wirklich zentralisiert (noch übrigens wirklich demokratisch) sind, noch eine Anweisung zu erteilen haben oder einen Repräsentanten besitzen.

Wir haben im Abschnitt zur homosexuellen Gruppalisierung ausgeführt, was durch ein anulares Begehrenssystem abgeschafft würde: die phallische Hierarchie, die sich konkret in der Delegation der Befugnisse ausdrückt. Wir haben gesehen, wie die Politik der Trennungsort ist zwischen denen, die wollten, aber nicht können, und denen, die könnten, aber nicht wollen. Im Allgemeinen betrachtet man die politische Organisation als das Mittel für den Übergang vom Wollen (*vouloir*) zum Können (*pouvoir*), zur Macht. Schérer notiert, dass man Fourier zumeist den Vorwurf macht, er habe eine Theorie entworfen, der nur noch eine Organisationspraxis angehängt zu werden bräuchte: »Bedeutet denn diese revolutionäre ›Wiederaneignung‹ Fouriers, dass es genügen würde, einer wirkungslos gebliebenen fourieristischen ›Theorie‹ nun die ›revolutionäre Organisation‹ anzufügen, die sie dann in der Realität umsetzte?«[243] Diese Trennung ist genau die Herrschaft des Politischen, während das, was Fouriers Denken »den in erster Linie unorganisierten Massen so nahe sein lässt«, vielleicht eben »gerade die Tugend der Verweigerung einer Organisierung«[244] ist.

Das Zeitmaß der Politik ist das der Strategie, der Trennung zwischen Mitteln und Zwecken. »Das Schema ›unorganisierte Praxis – Theorie – organisierte Praxis – Korrektur der Organi-

---

[243] Schérer, A Propos Fourier, S. 144.
[244] Ebd., S. 145.

sationstheorie anhand der Praxis‹ strukturiert bis heute dialektisch das Feld des Klassenkampfes. Sein Zeitmaß ist das der Etappen und des Ausharrens. Strukturell beruht es auf Hierarchien und Prioritäten.«[245] Der wahre Repräsentant der Massen ist derjenige, der diese Hierarchien und Prioritäten zu unterscheiden weiß und das Verhältnis von Signifikant und Signifikat zu organisieren vermag. Diesem Zeitmaß stellt sich die Naivität Fouriers entgegen, in der es heißt: Packt schnell eure Koffer, der Wandel kommt binnen sechs Monaten.[246] Die homosexuelle Bewegung bezieht sich auf jenes Wesen des Begehrens als Unerzeugt-Nichtzeugendes (*inengendré-inengendrant*), als Waise, insofern sie die Generationenfolge als Abfolge von Etappen auf dem Weg zu einem besseren Leben ignoriert. Die homosexuelle Bewegung weiß nicht, was das Opfer für zukünftige Generationen bedeutet – jener Grundpfeiler des sozialistischen Aufbaus und der sozialistischen Erbauung.

»Eine im Sinne des Vorbewußten revolutionäre Gruppe bleibt, auch wenn sie die Staatsmacht erobert haben sollte, so lange eine *unterworfene Gruppe*, als diese Staatsmacht selbst auf eine Macht- (Herrschafts-) form bezogen ist, die fortfährt, die Wunschproduktion zu überwältigen und sich zu unterjochen«, so Deleuze und Guattari. »Eine *Subjekt-Gruppe* hingegen zeichnet sich dadurch aus, daß in ihr die libidinösen Besetzungen selbst revolutionär sind; sie führt den Wunsch in das gesellschaftliche Feld ein«.[247] So gesehen können die homosexuellen Bewegungen zu Produzenten von Subjekt-Gruppen werden. Freilich droht jeder Subjekt-Gruppe ständig die Gefahr, allmählich unterworfen zu werden, etwa durch die Affirmation ihrer Perversität. Doch die aus Individuen gebildete Gruppe, die phallische und hierarchisierte Gruppe *ist* unterworfen. Sie gehorcht den zivilisierten Institutionen und übernimmt deren Werte, weil sich jedes Individuum schwächer als die Institutionen

---
245 Ebd., S. 153.
246 Vgl. Fourier, Ratschläge für die Zivilisierten.
247 Deleuze/Guattari, Anti-Ödipus, S. 451, Leerzeichen und Herv. i. O.

fühlt, weil das Zeitmaß eines jeden Individuums markiert ist durch den Tod – gegenüber unsterblich erscheinenden Institutionen. In der Subjekt-Gruppe überschreitet sich die Opposition zwischen kollektiv und individuell, die Subjekt-Gruppe ist stärker als der Tod, weil ihr die Institutionen sterblich erscheinen. Die homosexuelle Subjekt-Gruppe – zirkulär und eben, anular und ohne Signifikant – weiß, dass die Zivilisation, sie allein, sterblich ist.

Schluss

Sein ›heteroklitischer‹, uneinheitlicher Charakter macht das homosexuelle Begehren zu einer Gefahr für die herrschende Sexualität. Täglich widersetzen sich tausend homosexuelle Verhaltensweisen der Klassifikation, die man ihnen aufzuzwingen versucht. Die Zusammenfassung der Praktiken des homosexuellen Begehrens unter den Begriff der ›Homosexualität‹ ist ebenso imaginär wie die Vereinigung der Partialtriebe im Ich.

Es gibt eine Form von Unterdrückung der homosexuellen Praktiken, die deutlich jene Angst vor der Leere ausdrückt, jenes Nichtvorhandensein von ganzen Personen, das die normale Sexualität als ihre Grenze heimsucht. Wir denken an das, was Kindern und Schülern im Allgemeinen zu diesem Thema gesagt wird. Die Erziehung beruht ganz wesentlich auf der Unterdrückung der Masturbation; Eltern und Erzieher sagen den Kindern im Allgemeinen, dass die gegenseitige Masturbation oder auch alle sonstigen Manifestationen des homosexuellen Begehrens weniger verwerflich als vielmehr nutzlos seien. Es handle sich dabei, so heißt es, um noch unbewusste Formen des sexuellen Handelns, das sich später ganz natürlich der Frau zuwenden werde. Genau genommen gehöre all dies eigentlich kaum in den Bereich der Sexualität, eher in den der Präsexualität. Es werde sich sicher bald legen und ganz von selbst verschwinden. Die homosexuellen Praktiken werden mithin als eine Nicht-Sexualität betrachtet, als etwas, das seine Form noch nicht gefunden hat, weil ja Sexualität ausschließlich Heterosexualität ist. Diese Formen der Lust (*plaisir*) geringschätzig zu behandeln oder zu ignorieren ist ein gutes Mittel, um sie zum Verschwinden zu bringen. Die Homosexualität wird so zu einer Nicht-Sexualität gemacht, denn echte Sexualität ist diejenige der identifizierten Personen, die Ödipus-Sexualität. So tritt die furchterregende ›Un-menschlichkeit‹ des homosexuellen Begehrens auf den Plan.

Auf dem Weg vom homosexuellen Begehren zur Homosexualität haben wir gesehen, wie eine primäre, anödipale Homosexualität in eine sekundäre, neurotische und perverse, ödipalisierte Homosexualität überging.

Deleuze und Guattari zeigen diese Opposition an Prousts Text: »Deshalb kontrastiert Proust [...] zwei Arten oder vielmehr zwei Bereiche von Homosexualität, deren einer nur ödipal, exklusiv und depressiv, deren anderer aber anödipal-schizoid, eingeschlossen und inklusiv ist«.[248] Proust selbst schreibt:»Was die einen anbetrifft, diejenigen offenbar, die als Kinder die Schüchternsten gewesen sind, kümmern sie sich kaum um die materielle Form des Vergnügens, dessen sie teilhaftig werden, wenn sie es nur mit einem männlichen Gesicht in Zusammenhang bringen können. Andere hingegen, die offenbar leidenschaftlichere Sinne haben, verlangen für ihre Lust gebieterischer bestimmte Lokalisierungen.«[249] Sicher, die Letztgenannten werden ansonsten als solche definiert, die auch Frauen lieben können, was Deleuze und Guattari am meisten zu interessieren scheint. Wir legen unser Augenmerk hier hingegen eher auf den materialistischen Charakter der gewonnenen Lust (*plaisir pris*), ihre direkte Bezugnahme auf den gebieterisch lokalisierten Partialtrieb. Das homosexuelle Begehren ist pervers im Freud'schen Sinne, d.h. ganz einfach anödipal, solange es die Unorganisiertheit der Partialtriebe ausdrückt. Es wird pervers neurotisch im gewöhnlichen Sinne, wenn es sich auf ein bestimmtes Gesicht bezieht, wenn es in das Ichhafte und das Imaginäre eintritt.

Demnach ist es die Gesamtheit der im homosexuellen Begehren enthaltenen Infragestellungen, was die ödipale Konstruktion zu beseitigen oder jedenfalls einzudämmen erlaubt.

---

248 Ebd., S. 89.
249 Proust, Sodom und Gomorra, S. 38.

Die ödipale Sexualität beruht, wie das gesamte Familienuniversum, auf einem Spiel imaginärer Oppositionen, die der Regel des *double bind* folgen. Der doppelte Verschluss der falschen Alternativen kommt überall zum Ausdruck:

• Zwischen dem Privaten und dem Öffentlichen: Wir haben gesehen, dass die ödipale Homosexualität eingefangen ist in der Dialektik des Bekenntnisses, der Zurschaustellung des schmutzigen kleinen Geheimnisses. Das imaginäre Spiel konzentriert sich in der Homosexualität: Sie ist das höchst Private, das persönliche Problem *par excellence* und zugleich auch das höchst Öffentliche des Bekenntnisses.

• Zwischen der gnadenlosen Konkurrenz-Eifersucht und der Illusion von der ›menschlichen Gemeinschaft‹: Wir haben gesehen, welche Widersprüchlichkeiten jener mit der Sublimierung der Homosexualität verbundene Begriff des ›sozialen Sinns‹ verdeckt.

• Zwischen der natürlichen Biologie und der schuldzuweisenden Psychologie: Wir haben gesehen, dass jene Natur, die den *Code Pénal* begründet, ebenso reaktionär ist wie die Psychologie, die das Ich begründet.

• Zwischen dem Leben und dem Tod, jenen beiden primären Gewissheiten der Zivilisation.

Die vom homosexuellen Begehren praktisch vorgenommenen Infragestellungen teilen all dies anders ein. Die homosexuellen Bewegungen entlarven die idealisierende Sublimierung des ›sozialen Sinns‹ ebenso wie die gnadenlose Auseinandersetzung der ›Individuen‹. Sie reißen die Grenze zwischen der Biologie und der Psychologie nieder, indem sie die Natur nicht mehr zum schuldzuweisenden Referenzsystem machen, sondern zum Äquivalenzbegriff zur Unmittelbarkeit des Begehrens. Sie zeigen, dass das elternlose Unbewusste weder Tod noch Leben kennt, weder Fortpflanzung noch Angst vor der Auslöschung des Ich. Ein im ersten Kapitel genannter Arzt hatte sich zur Aufgabe gemacht, in jedem Homosexuellen den versteckten, unbewussten Mörder zur Strecke zu bringen. Die große Angst vor der Homosexualität drückt sich aus in der

Angst vor einem Ende der Generationenfolge, auf der die Zivilisation beruht. Das homosexuelle Begehren steht dem Tod nicht näher als dem Leben, es ist der Mörder des zivilisierten Ichs.

Die Zivilisation ist dank ihrem *double bind* Individuum-Gesellschaft entweder die Himmelfahrt des Sex oder seine Verdrängung. »Wir sind, wissentlich oder nicht, unter statistischem oder molarem Gesichtspunkt heterosexuell, unter personalem homosexuell und schließlich unter elementarem, molekularem Gesichtspunkt transsexuell.«[250] Das gruppalisierte homosexuelle Begehren überwindet diese Konfrontation zwischen Individuellem und Sozialem, durch den das Molare seine Herrschaft über das Molekulare sichert. Es ist der Abstieg zur Transsexualität durch das Verschwinden der Objekte und Subjekte, das Abgleiten in die Entdeckung, dass im Sex alles kommuniziert.

---

250 Deleuze/Guattari, Anti-Ödipus, S. 89.

Guy Hocquenghems radikale Theorie des Begehrens – Nachwort zur Neuherausgabe

Vielleicht das Offensichtliche zuerst: Warum diesen Text neu herausgeben? Warum das vor 47 Jahren erschienene (und vor 45 Jahren erstmals ins Deutsche übersetzte) Hauptwerk eines im deutschsprachigen Raum beinahe vollkommen unbekannten bzw. vergessenen Autors wieder zugänglich machen? Was ist heute von einem Text zu lernen, der, blickt man auf die vermeintlichen und tatsächlichen Erfolge der LGBTI*-Bewegung, Kämpfe ausficht, die heute, wenn schon nicht letztgültig entschieden, so doch anachronistisch erscheinen?

Einerseits ist es gerade angesichts des homophoben Backlashs in Deutschland und Europa in den letzten Jahren politisch geboten, Gegenöffentlichkeiten zu schaffen und Gegnerschaft zu dieser Entwicklung (auch publizistisch) zu artikulieren. Theoretisches Rüstzeug, wie es beispielsweise *Das homosexuelle Begehren* bereithält, ist für den Kampf gegen Homophobie, die praktische Verteidigung von Gleichstellung und Anerkennung ebenso wie für neue Vorstellungen einer emanzipatorischen Transformation der Beziehungsweisen unerlässlich. Hocquenghem, den Martin Dannecker schon 1978 als »brillante[n] Kritiker der verlogenen Moral und falschen Toleranz«[1] charakterisierte, führt mit seinem Text zugleich beeindruckend vor Augen, welche Kraft, welche Schärfe und welchen Witz eine radikale und unversöhnliche Gesellschaftskritik haben kann.

---

1 Dannecker, Der Homosexuelle und die Homosexualität, S. 115.

Andererseits sind in der letzten Zeit die Debatten um Identitätspolitik, queere Praxis und Queer Theory, die auch im Zuge der Jubiläen von 1968/69 (Studierendenrevolte und Stonewall-Riots) noch einmal verstärkt in den Mittelpunkt der Öffentlichkeit geraten sind, relativ eingefahren. Angetreten, die Individuen von den Zumutungen geschlechtlicher Zuschreibungen und Zurichtungen zu befreien, befindet sich die Queer Theory heute in einer paradoxen Situation: Sie konnte mit Erfolg praktisch an die Kämpfe der Homosexuellenbewegungen anknüpfen sowie deren Kritik (auch aneinander) theoretisch fortführen, hat sie sich doch im Gegensatz zu den *Gay and Lesbian Studies* an den Universitäten behaupten und etablieren können. Allerdings bewegte und bewegt sich ›queer‹ als (angeeigneter) Begriff, der in (Anerkennungs-)Kämpfen als Bezugsrahmen verwendet wird, eben innerhalb konkreter politischer Zuschreibungen und dient somit selbst wieder unweigerlich und möglicherweise unintendiert der Identitätsbildung – eine Fixierung, die eigentlich unterlaufen werden soll: »Wenn der Begriff ›queer‹ ein Ort kollektiver Auseinandersetzung sein soll, Ausgangspunkt für eine Reihe historischer Überlegungen und Zukunftsvorstellungen, wird er das bleiben müssen, was in der Gegenwart niemals vollständig in Besitz ist, sondern immer nur neu eingesetzt wird, umgedreht wird [...] in die Richtung dringlicher und erweiterungsfähiger politischer Zwecke«.[2] Das theoretisch-praktische Problem, Kategorisierungen unterlaufen und verunsichern, gleichzeitig aber *wirksam* politische Veränderung vorantreiben zu wollen und dazu eben einen (fixen) Bezugspunkt zu benötigen, findet sich, wohl unfreiwillig pointiert, bereits in dieser Begriffsbestimmung. Diese paradoxe Situation sollte nun nicht dazu verleiten, die Theorie einfach gegen die Praxis auszuspielen oder umgekehrt. Vielmehr ließe sie sich mit Hocquenghem als Ausgangspunkt einer doppelten Aufforderung verstehen: sich einerseits theoretisch auch dem körperlichen, somatischen Moment des Begehrens stärker zu öffnen,

---

2 Butler, Körper von Gewicht, S. 313.

Begehren also nicht bloß als sprachlichen oder diskursiven Effekt zu begreifen, und sich anderseits praktisch nicht zu sehr vom Anspruch einer radikal anti-identitären Praxis zu entfernen, sich also nicht erneut in vermeintlich kohärenten und damit wiederum ausschließenden Identitäten einzurichten.

Die Auseinandersetzungen um diese Fragen finden heute in einem gesellschaftlichen Feld statt, das sich ganz anders darstellt als noch in den 1970er Jahren: Denn die Erfolge der LGBTI∗-Bewegung ermöglichen eine Parallelexistenz zweier unvereinbar scheinender Ansätze: auf der einen Seite der (unpolitische) liberale Wunschtraum vollkommener Verbürgerlichung und Integration in die bestehenden kapitalistisch-patriarchalen Verhältnisse, wobei Sexualität erneut nur noch als Privates behandelt werden soll; und auf der anderen Seite der (in den allermeisten Fällen sehr politisierte und zumeist performanztheoretisch inspirierte) queere Wunschtraum einer Überwindung aller geschlechtlichen und sexuellen Fixierungen und Kategorisierungen, die aufgrund ihres performativen Charakters als zumindest potenziell durch ständiges Unterlaufen, falsches Zitieren und subversives Umwenden verunsicherbar verstanden werden. Weil ja allerdings nur je Existentes re- und damit falsch zitierbar ist, geht hier allzu oft der Blick für die notwendige Transformation jener gesellschaftlichen Verhältnisse verloren, die einem die Fixierungen und Kategorisierungen zumuten.

Hocquenghems Essay kann in diesem Feld intervenieren, kann er doch gerade als eine solche doppelte Adressierung verstanden werden: Radikal im Hinblick auf sein politisches Ziel, den Kampf gegen die Homophobie und die Befreiung der Sexualität, verbindet er eine strategische Identitätspolitik, die sich auf die Homosexualität als Identität beruft (denn so wie der Rest der Bewegung betrachtete auch er diese Kategorie als Voraussetzung politischen Handelns) *und* eine radikale Kritik an Identität aus der Perspektive grundlegender *materialistischer* Gesellschaftskritik – dieser Doppelcharakter ist unseres Erachtens einer der wesentlichen Gründe dafür, dass *Das homo-*

sexuelle Begehren als ein wesentlicher Vorläufer der Queer Theory gehandelt wird.³

*Die Leben des Guy Hocquenghem*⁴

Der Autor von *Das homosexuelle Begehren* wurde 1946 in Boulogne-Billancourt geboren, einem der vornehmen westlichen Vororte von Paris. Als Sohn einer Gymnasiallehrerin und eines Mathematikprofessors begann er die Laufbahn, die für die bildungsbürgerliche Elite in Frankreich vorgesehen ist: Oberstufe, Abitur und *classes préparatoires* absolvierte er am vermutlich renommiertesten Gymnasium Frankreichs, dem *Lycée Henri IV*, 1966 bestand er, im zweiten Anlauf, den harten Ausscheidungswettbewerb im Fach Philosophie zur Aufnahme an der *École Normale Supérieure* (ENS), die schon seine beiden Eltern besucht hatten. Bereits im Juni 1969 schloss er das Studium mit einer Arbeit zur altgriechischen Epigraphik ab.

Auch Hocquenghems anfängliche politische Laufbahn ist nicht untypisch für seine Generation und Herkunft: Maßgeblich politisiert durch den Algerien-Krieg, durchlief er in den sechziger Jahren einen Parcours durch zahlreiche mal kleinere, mal größere marxistische Gruppierungen: Zunächst ist er Mitglied in Jugendorganisationen der französischen Kommunistischen Partei, später dann, als ›Linksabweichler‹ ausgeschlossen, in trotzkistischen und maoistischen Gruppen.

In dieser Hinsicht unterscheidet sich Hocquenghems Biografie nicht von der vieler anderer linker Intellektueller seiner Generation in Frankreich. Zum entscheidenden Unterschied wurde jedoch das vermeintlich Private – Hocquenghems Homosexualität. Am Gymnasium wurde sein damals 39-jähriger

---

3 Vgl. Sedgwick, Anality, S. 175.
4 So lautet, ins Deutsche übersetzt, der Titel der 2017 erschienenen Hocquenghem-Biografie Antoine Idiers (vgl. Idier, Les vies de Guy Hocquenghem). Auf ihr beruhen große Teile dieses Abschnitts; ihr und ihrem Autor verdankt dieses Projekt unermesslich viel.

Philosophielehrer René Schérer zu seinem intellektuellen Mentor – und außerdem zu seinem Liebhaber. Schérer machte in dieser aus heutiger Sicht fragwürdigen Beziehung aus dem anfangs nicht besonders politischen Hocquenghem nicht nur einen Marxisten, sondern führte ihn auch in die Sexualität und in bürgerlich-schwule Kreise ein. Hocquenghem führte von da an ein Doppelleben: Seine Homosexualität blieb für seine Genoss*innen ebenso wie für seine Familie ein Geheimnis – doch wurde es mehr und mehr zu einem offenen Geheimnis. 1972 spricht er rückblickend von einem »schizophrenen Leben« zwischen Sexualität und Aktivismus und erwähnt seine »permanente Angst: die Vorstellung, dass diese beiden unversöhnlichen Welten aufeinandertreffen«.[5] So konnte es dann auch zu einer prägenden, für die damalige Lage eines linken Homosexuellen vermutlich symptomatischen Situation kommen: Bei einer studentischen Vollversammlung an der ENS im Jahr 1967 kommt es zu einer Auseinandersetzung zwischen zwei linken Lagern. Im Laufe dieser Diskussion steht einer auf und ruft: »»Und außerdem ist H[ocquenghem] homosexuell. Eure Gruppe nimmt degenerierte und perverse Kleinbürger auf.««[6] Hocquenghem verlässt den Saal, einige seiner Genoss*innen folgen ihm. Einer von ihnen fragt Hocquenghem, ob es stimme, dass er homosexuell sei. Und obwohl Hocquenghem klar ist, dass alle Anwesenden es vermutlich sowieso wissen, verleugnet er sich: »Du bist doch verrückt! Was für ein Unsinn!« Für diese Antwort schäme er sich bis heute, schreibt Hocquenghem in seiner kurz vor seinem frühen Tod im Jahr 1988 verfassten, unvollendeten Autobiografie.[7]

Aber auch Erfahrungen wie diese brachten Hocquenghem nicht von seiner politischen Überzeugung ab, im Gegenteil. An der Revolte des Mai 68 in Paris war er von Beginn an beteiligt. Er war Mitglied des Besetzungs-Komitees an der Sorbonne und

---

5 Hocquenghem, La révolution des homosexuels, S. 33.
6 Hocquenghem, Amphithéâtre des morts, S. 89.
7 Vgl. ebd., S. 92.

schrieb für linke Zeitungen und Flugblätter, u. a. die zwei Monate lang in zigtausendfacher Auflage erscheinende Zeitung *Action*. Doch diese Revolte, die die gesamte bisherige Ordnung in Frage zu stellen schien, ließ letztlich einiges unangetastet. Ein schwules Aktionskomitee, von zwei Aktivisten gegründet, hängte acht Plakate an der besetzten Uni auf – am Tag darauf waren sieben von ihnen abgerissen. Hocquenghem selbst schloss sich diesem Komitee nicht an, doch er beschreibt 1972 rückblickend, welch herbe Enttäuschung darin lag: »Wenn es nach dem Mai 1968 noch einmal mehr als drei Jahre gebraucht hat, bis eine Bewegung wie der *Front homosexuel d'action révolutionnaire* (FHAR) auftauchte, liegt das zum Teil auch an diesem Versagen.«[8]

Hocquenghems Theorie und Praxis nach 1968 ist eine Reaktion auf dieses Versagen. Er wollte Marxist bleiben, doch sah keine Zukunft im traditionellen Marxismus, in dessen reduktionistischem Basis-Überbau-Denken und in dessen Fixierung auf die (als weiß, männlich und heterosexuell vorgestellten) Arbeiter. Hocquenghem schloss sich daher, wie viele andere undogmatische Linke auch, der maoistischen Gruppierung *Vive la révolution* (VLR) an, deren unorthodoxer Maoismus, der offen für Anleihen bei der amerikanischen Counterculture, den Yippies und den Black Panthers war, ihren Anhängern die Bezeichnung *mao-spontex* eintrug.

Zugleich entstand aus einem ähnlichen Impuls die französische Frauenbewegung. 1970 gründete sich der *Mouvement de libération des femmes* (MLF), aus dem Anfang 1971 schließlich, im Zuge einiger radikaler Aktionen vor allem gegen Abtreibungsgegner*innen, der FHAR hervorging. Kurz darauf stieß Hocquenghem als einer der ersten Schwulen zu dieser vor allem von Lesben gegründeten Gruppe. Als Redaktionsmitglied der VLR-Zeitschrift *tout!* – mit einer Auflage von 50.000 Exemplaren war diese zweiwöchentlich erscheinende Zeitung die damals meistgelesene linksradikale Publikation in Frankreich –

---

[8] Hocquenghem, La révolution des homosexuels, S. 34.

initiierte Hocquenghem eine von den FHAR-Aktivist*innen produzierte Sonderausgabe der Zeitschrift, die im April 1971 erschien. Diese Ausgabe löste einen Skandal aus: Ein Teil der Auflage wurde vom Innenministerium beschlagnahmt, gegen den als Herausgeber fungierenden Jean-Paul Sartre wurde wegen Pornographie und Verstoßes gegen die Sittlichkeit ermittelt. Mehrere linke Buchläden weigerten sich, die Ausgabe zu verkaufen. Traditionsmarxistische Gruppen wie *Lutte Ouvrière* machten die Ausgabe verächtlich: Die Zeitung habe das Niveau von Kloschmierereien und sei Ausdruck eines kleinbürgerlichen Individualismus, der nur einen ›Sozialismus in einem Bett‹ wolle. Und auch unter den libertären Maoist*innen von VLR löste die Zeitschrift Streit aus. Kurz nach Erscheinen der Ausgabe gab die Gruppe ihre Auflösung bekannt. Für den FHAR war sie aber ein riesiger Erfolg. Der Einladung, zu den wöchentlichen Treffen zu kommen, folgten erst Dutzende, dann Hunderte. Vorher waren bei den Treffen nicht mehr als 40 Menschen, nun wurden es innerhalb weniger Wochen bis zu 1000. Das Phänomen FHAR beschränkte sich zwar auf Paris, doch es strahlte in die gesamte Republik aus und gilt daher heute als Gründungsereignis der Homosexuellenbewegung in Frankreich.

Ein weiteres zentrales Ereignis für diese Bewegung hängt ebenfalls mit Hocquenghem zusammen: Am 10. Januar 1972 erschien im linksliberalen *Nouvel Observateur* unter dem Titel *La révolution des homosexuels* ein Artikel Hocquenghems, in dem er sich öffentlich als schwul outete. Im Text, der mit den Worten beginnt: »Ich heiße Guy Hocquenghem. Ich bin 25 Jahre alt«, erzählt er, wie er »ein Homosexueller wurde«.[9] Damit wurde Hocquenghem zum Gesicht einer Bewegung, die zuvor – durchaus mit Absicht – ohne Ikonen und Sprecher*innen ausgekommen war. Im FHAR selbst war Hocquenghems Alleingang deshalb nicht unumstritten. Rückblickend ist die Bedeutung dieses ersten derartigen Outings für die Homo-

---

9 Ebd., S. 32.

sexuellen in Frankreich jedoch nicht zu unterschätzen.[10] Zudem wurde dadurch ein Verleger auf Hocquenghem aufmerksam, der ihn einlud, ein Buch zum Thema zu veröffentlichen. Dieses Buch schrieb Hocquenghem innerhalb kürzester Zeit, in ihm steckten nicht zuletzt all die Erfahrungen der Zeit seit 1968. Es erschien im Herbst 1972 und trug den Titel: *Le désir homosexuel*.

Rezeption und Vergessen

Schon nach kurzer Zeit wurde der Text ins Deutsche übersetzt: Etwa anderthalb Jahre nach dem französischen Original erschien die deutsche Ausgabe unter dem Titel *Das homosexuelle Verlangen* in der Reihe Hanser. Hocquenghem und der FHAR wurden dadurch auch in der deutschen Homosexuellenbewegung bekannt. Der Verlag Rosa Winkel übertrug noch bis Anfang der 1980er Jahre Texte von Hocquenghem und aus seinem Umfeld ins Deutsche,[11] Interviews mit und Texte von Hocquenghem erschienen in der Szenezeitschrift *Him Applaus*. Später, in den 1980er Jahren, wurde er dann vor allem als Schriftsteller rezipiert – zwei seiner Romane, *Der Zorn des Lammes* und *Eva*, erschienen auch in deutscher Übersetzung. Danach wurde Hocquenghem, der 1988 im Alter von 41 Jahren an den Folgen einer Aids-Erkrankung verstarb, im deutschsprachigen Raum weitestgehend vergessen. Diejenigen Texte, von denen eine deutschsprachige Übersetzung vorliegt, sind sämtlich vergriffen und zum Teil nicht einmal mehr antiquarisch erhältlich. Das spiegelt sich auch in der gegenwärtigen

---

10 Sich öffentlich (und gemeinschaftlich) zur Homosexualität bekennen zu können, war lebensgeschichtlich für beinahe alle Homosexuellen und nicht nur in Frankreich eine sehr weitreichende (und für den Verlauf der Homosexuellenbewegung nicht zu unterschätzende) Erfahrung der Befreiung. Vgl. dazu auch: Henze, Schwule Emanzipation, S. 362ff.

11 Siehe bspw.: Dieckmann/Pescatore (Hg.), Elemente einer homosexuellen Kritik.

(Nicht-)Rezeption Hocquenghems in Deutschland wider: In keiner deutschsprachigen Einführung in die Queer Theory findet er Erwähnung.[12] Gleichwohl scheint er in den letzten Jahren (auch im deutschsprachigen Raum) wiederentdeckt zu werden. Einen maßgeblichen Anteil daran dürfte Antoine Idier haben, der Anfang 2017 eine herausragende Biografie Hocquenghems – mit der er bei Didier Eribon promoviert wurde – sowie eine Auswahl journalistischer und publizistischer Texte Hocquenghems veröffentlichte.[13] Beiden Veröffentlichungen wurde auch über Frankreich hinaus große Aufmerksamkeit zuteil. Ebenfalls Anfang 2017 übertrug Lukas Betzler eine späte Auseinandersetzung Hocquenghems mit der Aids-Krise für die Zeitschrift *Phase 2* ins Deutsche und 2018 gab der Sexualwissenschaftler Heinz-Jürgen Voß anlässlich des dreißigsten Todestags einen Sammelband zu Hocquenghem heraus, der auch einen erstmals übersetzten Text Hocquenghems enthält.[14] Fast zeitgleich mit dem vorliegenden Text erscheint zudem ein Essay aus dem Band *Trois milliards de pervers* (der zwölften Ausgabe der von Félix Guattari herausgegebenen Zeitschrift *Recherches*) auf Deutsch.[15] Hocquenghem war an der Produktion der Ausgabe im Jahr 1973 maßgeblich beteiligt. Der Text selbst, der den Titel *Les culs énergumènes* trägt, wurde ihm jedoch zu Unrecht lange Zeit zugeschrieben, wie Idier mittlerweile nachgewiesen hat.[16]

Auch jenseits solcher Editionsprojekte scheint es in der

---

12 Das ist angesichts der starken internationalen Vernetzung der queeren Bewegungen besonders bemerkenswert. Die französischen, englischen, deutschen und italienischen Schwulenbewegungen waren miteinander vernetzt, nahmen aufeinander Bezug und besuchten sogar Demonstrationen gemeinsam – zum Beispiel die Pfingstdemonstration in Westberlin 1973. Vgl. dazu: Henze, Schwule Emanzipation, S. 300ff.
13 Vgl. Idier, Les vies de Guy Hocquenghem und Hocquenghem, Journal de rêve.
14 Vgl. Hocquenghem, Monsieur le Sexe und Madame la Mort und Voß (Hg.), Die Idee der Homosexualität.
15 Vgl. Maurel, Für den Arsch.
16 Vgl. Idier, Les vies de Guy Hocquenghem, S. 20f. und Idier, La traduction énergumène.

(deutschsprachigen) Wissenschaft aktuell wieder ein größeres Interesse für Hocquenghem zu geben. Peter Rehberg etwa diskutiert das Verhältnis von Affekt- und Triebtheorie unter anderem mit Bezug auf Hocquenghems Freud-Lektüre.[17] Esther Hutfless verweist in ihren Versuchen, die Psychoanalyse zu ›queeren‹, ebenfalls auf Hocquenghem.[18] Und der Literaturwissenschaftler Benedikt Wolf diskutiert Hocquenghem im Rahmen seiner Beschäftigung mit literarischen Darstellungen penetrierter Männlichkeit.[19] Im englischsprachigen Raum war Hocquenghem freilich nie ganz vergessen, sondern wurde von maßgeblichen Vertreter*innen der Queer Theory als einer ihrer wichtigen Vorläufer gefeiert.

Wenn Hocquenghem nun, was wir hoffen und wozu wir mit dieser Neuherausgabe einen kleinen Beitrag leisten wollen, auch im deutschsprachigen Raum wiederentdeckt wird, sollte diese Wiederentdeckung trotz aller notwendigen Historisierung nicht einfach nur einem (wenn auch zweifelsfrei löblichen) theoriegeschichtlichen Interesse folgen. Die Beschäftigung mit den von Hocquenghem entwickelten Annahmen, die so gerne nachträglich als Queer Theory *avant la lettre* bezeichnet werden, wirft ein Licht auf die Genese politischer und theoretischer Positionen, die heute zum Teil selbstverständlich erscheinen. Und doch ließe sich gerade im Hinblick auf *Das homosexuelle Begehren* sagen, dass die dort erhobenen Forderungen keine abgeschlossenen, sondern (leider) immer noch zu verwirklichende sind – dass nicht nur die Fragen und Probleme, die darin verhandelt werden, sondern auch die politischen Implikationen keinesfalls als überholt gelten können. Hocquenghems Text erinnert daran, dass queeres Aufbegehren radikal und anti-identitär war und sein sollte, dass strikt anti-identitäres Denken Teil einer aufs Ganze gerichteten Gesellschaftskritik sein kann und sollte, ohne dass deswegen der Kampf um Anerkennung und Gleichberechtigung vernachlässigt werden muss.

17 Vgl. Rehberg, Queer Affect Theory
18 Vgl. Hutfless, Wider die Binarität, S. 102f.
19 Vgl. Wolf, Penetrierte Männlichkeit, S. 70ff.

Kritik der Linken, Kritik der Psychoanalyse

Das homosexuelle Begehren, das Hocquenghem kurz nach Erscheinen des *Anti-Ödipus* innerhalb von zwei Monaten schrieb, ist stark von den Ereignissen des Jahres 1968 und seinem eigenen Engagement in der studentischen Revolte geprägt. Sein Essay ist daher auch Ausdruck und Reflexion seiner ganz eigenen Erfahrung des Mai 68 und der darauf folgenden Jahre. Die Herausbildung der homosexuellen Bewegungen *und* ihrer Theorie ist schließlich wesentlich eine Reaktion auf eine Nichtberücksichtigung und ein Versagen: darauf, dass 1968 das Versprechen der Befreiung für sie in gleich mehrfacher Hinsicht nicht eingelöst hatte und dass wesentliche Teile der Linken es offensichtlich auch gar nicht einlösen wollten.

So kritisiert Hocquenghem nicht bloß all jene damaligen Theorieproduktionen, die ökonomistisch argumentieren und die Ebene der Kultur als zweitrangig betrachten, sondern auch die politische Praxis und die politischen Ziele der traditionellen Linken. Wenn Fragen des ›Überbaus‹ wie Geschlecht und Sexualmoral als irrelevante ›Nebenwidersprüche‹ abgetan werden, resultiert daraus in Hocquenghems Augen eine Politik, die nach wie vor zutiefst dem bürgerlichen Denken verhaftet ist, das im Wahlspruch des Vichy-Regimes seinen angemessenen Ausdruck finde: *Travail, Famille, Patrie* – Arbeit, Familie, Vaterland.[20] Solche Polemik reagiert auf die machistischen und heteronormativen Ausschlüsse, die die 68er-Bewegung trotz anderslautender Bekenntnisse relativ unreflektiert reproduziert hat. Und sie hat auch noch heute, etwa in Bezug auf die deutsche Rezeption von Eribons *Rückkehr nach Reims*, kaum an Berechtigung eingebüßt. Während dort die Interpretation dominiert, eine zunehmend elitäre politische Linke habe nach 1968 mit ihrer Identitätspolitik ›die Arbeiter‹ verraten, so dass diese nun mehr oder weniger notgedrungen die Rechten wählten, stellt sich das Problem mit Hocquenghem in einem

---

20 Vgl. Hocquenghem, Pompidou.

ganz anderen Licht dar: Der in ›kulturellen‹ Fragen reaktionäre Traditionsmarxismus konnte problemlos homophobe, sexistische und rassistische Einstellungen integrieren, ihm muss man wahrlich nicht nachtrauern.

Hocquenghem kritisiert aber nicht nur die Linke seiner Zeit, sondern auch die Psychoanalyse, die nach 1945, besonders in ihren institutionalisierten Formen, ein Instrument der Pathologisierung von Homosexuellen geworden war (und dabei, so viel sei angemerkt, weit hinter ihre eigenen Erkenntnisse zurückfiel).[21] Auch wenn *Das homosexuelle Begehren* viele direkte Anleihen beim *Anti-Ödipus* von Gilles Deleuze und Félix Guattari nimmt, so gibt es doch eine deutliche Differenz: Während Deleuze und Guattari sich, ausgehend von der Anerkennung der Leistungen der Psychoanalyse, ziemlich deutlich gegen diese als gesellschaftstheoretische und klinische Erkenntnisform wenden, vollzieht Hocquenghem über den *Anti-Ödipus* gewissermaßen eine Rückkehr zu Freud, indem er die Psychoanalyse seiner Zeit *immanent* kritisiert. Er erkennt, dass die pathologisierenden Tendenzen der Psychoanalyse, die sich auch bei Freud finden, ihr eigenes Programm konterkarieren.

Die bahnbrechende Entdeckung Freuds ist für Hocquenghem die nicht-normative Bestimmung des Begehrens.[22] Freud konstatiert nämlich, dass der Ausgangspunkt der Sexualitätsentwicklung jedes Menschen polymorph-pervers sei. Das Begehren sei unabhängig vom Objekt und weder Sexualziel noch Sexualobjekt stünden somit a priori fest. Vielmehr gebe es für das Begehren eine Vielzahl von Lust- und Befriedigungsmöglichkeiten – auch außerhalb der als Norm gesetzten Heterosexualität. Genau in diesem Sinne bezeichnet Hocquenghem das Begehren als »ununterbrochenen und vieldeutigen Strom« (S. 12). Vor dem revolutionären Potenzial dieser Entdeckung

---

[21] Vgl. zur zwiespältigen politischen Rolle der Psychoanalyse nach 1945: Herzog, Cold War Freud.
[22] Nicht wie üblich in der (französischen) Psychoanalyse dieser Zeit, wo der Ödipus-Komplex als die wesentliche Entdeckung Freuds galt.

sei Freud selbst zurückgeschreckt und habe seine Entdeckung schnell wieder »ins Dunkel verbannt«[23], das Begehren ins ödipale Dreieck (Kind – Vater – Mutter) eingegliedert. Freud selbst nimmt an, dass die Einschränkung des Polymorphismus, also die Fixierung der Objektwahl im Ödipuskonflikt, die stets als heterosexuelle Fixierung gedacht ist[24], Bestandteil einer gesunden bzw. reifen psychosexuellen Entwicklung sei. Das Einhegen der »autonome[n] und polymorphe[n] Kraft« (S. 48) des Begehrens ins ödipale Dreieck der Familie lässt Homosexualität schließlich nur noch als Mangel in der Entwicklung, als Neurose erscheinen, die entweder ›geheilt‹ oder aber als Perversion toleriert werden könne. Benedikt Wolf bemerkt hierzu sehr treffend, dass Freud so zumindest anerkennt, dass homoerotisches Begehren immer und grundsätzlich möglich ist: »Die Genealogie der ödipalisierten genitalen Heterosexualität zeigt sich als abhängig von der Verdrängung der Möglichkeit rezeptiver Wünsche. Damit versteht die Psychoanalyse die anale Penetration als eine sexuelle Möglichkeit, mit der *alle* Männer umzugehen haben.«[25] In der Fixierung wird aber aus dem fluiden und polymorphen Libidoverhältnis, dem universellen Begehren, eine feste Identität – bei gleich-

---

[23] Deleuze/Guattari, Anti-Ödipus, S. 33.
[24] Pointiert auch Esther Hutfless: »Im Zusammenhang mit dem Ödipus-Komplex werden Identifizierungen wiederum zu einem zentrierenden Vorgang, der das Subjekt auch in seiner Geschlechtlichkeit als männlich oder weiblich und in seiner Objektwahl als homo- oder heterosexuell konstituiert. […] [So] wird Heterosexualität essenzialisiert und andere Begehrens- und Objektwahl-Konstellationen werden pathologisiert. […] Damit stellen alle möglichen Begehrenskonstellationen, die den Ausgang des Ödipuskomplexes bilden, letztendlich heterosexuelle Verhältnisse dar.« (Hutfless, Die Zukunft einer Illusion, S. 155). Ilka Quindeau hingegen will den Ödipuskonflikt als Modell der geschlechtlichen Entwicklung nicht aufgeben, da dieser für sie nicht notwendigerweise starre und unveränderbare Signifizierungen hervorbringt, sondern zeitlebens immer wieder durchgearbeitet werden und daher auch im Verlauf des Lebens zu anderen geschlechtlichen Identitäten oder sexuellen Orientierungen führen könne – so könnte ihrer Ansicht nach die Vorstellung von Normalität allgemein in Frage gestellt werden. Vgl. Quindeau, Geschlechtervielfalt und polymorphes Begehren.
[25] Wolf, Penetrierte Männlichkeit, S. 64, Herv. i. O.

geschlechtlicher Objektwahl eben die Homosexualität. Das lehnt Hocquenghem rundheraus ab: Für ihn kann es keine stabile (sexuelle) Identität geben, da das Begehren eben *universell* und von sich aus auf keine feste Objektwahl begrenzt sei. »Heterosexualität und Homosexualität sind prekäre Ausdrucksformen eines Begehrens, das keinen Namen hat. Wenn die Unterscheidung zwischen Biologie und Psychologie dabei hinfällig wird, so deshalb, weil das Begehren noch jene Trennung zwischen Körper und Geist ignoriert, die den Begriff der Persönlichkeit stiftet.« (S. 46) Das Begehren funktioniere grundsätzlich immer nach dem Muster ›sowohl – als auch‹, und nicht nach dem Muster ›entweder – oder‹.

Besonders bemerkenswert ist in diesem Zusammenhang Hocquenghems Ansatz, die Kritik an bestimmten, vor allem klinischen, Teilen der Psychoanalyse mit einer ebenfalls psychoanalytisch inspirierten materialistischen Gesellschaftskritik zu verbinden. Dazu nimmt er wieder Anleihen aus dem *Anti-Ödipus*: »Das erste Organ, das privatisiert und aus dem gesellschaftlichen Feld ausgegrenzt wurde, war der After«, der so »das Modell für die Privatisierung« abgibt. Vermittels der Sublimierung des Anus in etwas nur Privates leite sich die »Konstitution von Privatpersonen als individuelle Zentren von Organen«[26] ab, die für Hocquenghem wiederum Voraussetzung ist für Patriarchat, Heteronormativität und Homophobie: »Ist der Phallus wesentlich gesellschaftlich, so ist der Anus wesentlich privat. […] Für den Anus gibt es keinen anderen gesellschaftlichen Ort als den der Sublimierung. […] Die psychoanalytische Geschichte (und man kann sich nicht enthalten, in ›psychoanalytisch‹ das Wort ›anal‹ zu entdecken) nimmt an, dass die anale Phase überwunden werden muss, um zur Genitalphase zu gelangen. Doch die anale Phase ist notwendig, um die Ablösung des Phallus zu organisieren. Im Grunde genommen gibt es beim Anus keine Sublimierung wie bei anderen Organen, also in der Form, dass er vom Niedersten zum Höchs-

---

26 Deleuze/Guattari, Anti-Ödipus, S. 181.

ten überführt würde. Analität ist vielmehr die Bewegung der Sublimierung selbst.« (S. 73) So wie hier übt Hocquenghem immer wieder scharfe Kritik an homophoben Tendenzen in der Psychoanalyse, an ihrer ausschließlichen Ausrichtung der Geschlechtsentwicklung am Phallus bzw. Penis, und er erkennt, dass sie sexuelle und geschlechtliche Phänomene nicht nur beschreibt, sondern auch selbst hervorbringt und so auch als Instanz der Normierung und der Repression wirkt.[27] Dennoch verwirft er die Psychoanalyse nicht, sondern rekurriert vielmehr auf das, was in der Psychoanalyse selbst entpathologisierend, dekonstruktiv, verunsichernd und unheimlich – im besten Sinne vielleicht: *queer* – ist. Darin unterscheidet er sich aber auch von großen Teilen der gegenwärtigen Queer Theory, die das Unbewusste außer Acht lassen, die die »leibliche Dimension der Sexualität«[28] ausklammern und darüber häufig verkennen, dass nicht nur Diskurse, Normen und gesellschaftliche Ausschlüsse, sondern auch psychische Strukturen, unbewusste Ängste, Wünsche, (verdrängte) Konflikte, das Begehren etc. für Subjektivierungsprozesse wesentlich sind.[29] Diese Skepsis gegenüber der Psychoanalyse verweist so allerdings auf eine gewisse Geschichtsvergessenheit der Queer Theory in Bezug auf ihre eigene Theorie- oder Ideengeschichte.

---

27 Vgl. dafür ausführlicher: Hutfless, Queer [Theory]: Annäherungen an das Undarstellbare.
28 Preis, Zur Konzeption der Sexualität in der Queeren Psychoanalyse, S. 158.
29 Vgl. zur Psychoanalyse in der Queer Theory auch: Preis, Zur Konzeption der Sexualität in der Queeren Psychoanalyse. Dass die Vorbehalte gegenüber der Psychoanalyse in der Queer Theory teilweise abgebaut werden, zeigt sich auch in dem von Hutfless und Zach herausgegebenen Band *Queering Psychoanalysis*, in dem Hutfless in diesem Zusammenhang anmerkt, dass queere Ansätze oft den Eindruck machten, dass »Geschlecht und Identität durch deren artifiziellen Charakter Gegenstand einer ausschließlich bewussten und strategischen Aneignung« (Hutfless, Die Zukunft einer Illusion, S. 138) sein könnten; Geschlecht und Identität »erscheinen so als bloße sozio-politische Phänomene auf der Ebene des Imaginären und nicht als komplexe psychische Phänomene« (ebd.) – weshalb es ihr nicht um theoretische Abgrenzungen geht, sondern darum, Verbindungslinien und Ergänzungen zwischen Queer Theory und Psychoanalyse herzustellen.

Queer Theory avant la lettre

Mit Bezug auf Hocquenghems *Das homosexuelle Begehren* von einer *queeren* Theorie zu sprechen, kann leicht auf Unverständnis stoßen. Nicht nur weil der Begriff damit anachronistisch auf eine Zeit bezogen wird, die den Begriff in diesem Sinne noch nicht kannte, sondern auch und vor allem, weil Hocquenghem, wenn er von Homosexualität schreibt, (nahezu) ausschließlich männliche Homosexualität meint. Gleich zu Beginn des Textes erläutert er, dies sei eine Reaktion auf die patriarchalen Herrschaftsverhältnisse, da unter der Herrschaft des Mannes »mit dem Terminus ›Homosexualität‹ vor allem die ödipal-imaginäre Konstruktion der männlichen Homosexualität« (S. 11) bezeichnet würde. Neben dieser inhaltlichen Begründung ist Hocquenghems Fokus auf männliche Homosexualität auch seiner Perspektive der ersten Person geschuldet – schließlich schreibt er als ein von Homophobie betroffener Mann über (seine) Homosexualität. Und doch sind die Tatsache, dass er sich sowohl theoretisch als auch praktisch vor allem mit männlicher Homosexualität auseinandersetzt, sowie die daraus folgende Blindheit für die Spezifika weiblicher Homosexualität und weiblichen Begehrens nicht bloß eine Reaktion auf patriarchale Verhältnisse, sondern auch wiederum selbst Ausdruck dieser Herrschaft des Mannes.[30] Trotzdem wollen wir im Sinne Douglas Crimps argumentieren, dass Hocquenghems Text »may well be the first example of what we now call queer theory«.[31] Denn was der Text aus heutiger Perspektive auch in Erinnerung ruft, ist die Tatsache, dass radikal anti-identitäres Denken nicht erst seit den 1990ern existiert. Queeres Aufbegehren und das Beunruhigen vermeintlich stabiler und sicherer Modelle von Geschlecht haben nicht nur eine lange Ge-

---

[30] Auch um das nicht nachträglich zu verändern und so den Leser∗innen vorzuenthalten, wurde bei der Übersetzung auf die Verwendung von geschlechtergerechter Sprache verzichtet.
[31] Mit dieser Aussage wird Crimp auf der Rückseite der 1993 erschienenen zweiten englischsprachigen Ausgabe des Buchs zitiert.

schichte, sondern auch sehr unterschiedliche (theoretische) Hintergründe. So wird deutlich, dass Hocquenghem trotz seines oft einseitigen Fokus auf männliche Homosexualität genau diese Beschränkung transzendieren will, wenn er aus der Perspektive einer materialistisch inspirierten Psychoanalyse die Überwindung der Geschlechterbinarität fordert und damit eine wesentliche Überlegung der heutigen Queer Theory vorwegnimmt.

Ein kurzes Beispiel: Judith Butler schreibt in *Das Unbehagen der Geschlechter* über die normierenden Beziehungen zwischen anatomischem Geschlecht, sozialem Geschlecht und Begehren: »Die kulturelle Matrix, durch die die geschlechtlich bestimmte Identität (*gender identity*) intelligibel wird, schließt die ›Existenz‹ bestimmter ›Identitäten‹ aus, nämlich genau jene, in denen sich die Geschlechtsidentität (*gender*) nicht vom anatomischen Geschlecht (*sex*) herleitet und in denen die Praktiken des Begehrens weder aus dem Geschlecht, noch aus der Geschlechtsidentität ›folgen‹. Gerade weil [...] bestimmte ›geschlechtlich bestimmte Identitäten‹ (*gender identities*) nicht den Normen kultureller Intelligibilität entsprechen, erscheinen sie innerhalb des Gebietes der kulturellen Intelligibilität nur als Entwicklungsstörungen oder logische Unmöglichkeiten«.[32] Dieser Gedanke findet sich in ganz ähnlicher Weise schon knapp 20 Jahre vorher bei Hocquenghem. Nur dass er eben nicht aus der Performanz (also der ständigen Wiederholung spezifischer Akte, die die Subjekte konstituieren), sondern ausgehend vom Begehren selbst sowie von dessen Kanalisierung und Einhegung entwickelt wird, die er wiederum als Ausdruck der spezifischen kapitalistisch-phallokratischen Verhältnisse begreift. Er nimmt dabei eine andere, fast umgekehrte Perspektive ein: Er geht vom Individuum und dessen Begehren aus, nicht, wie Butler, von der Veränderbarkeit diskursiv-performativer Strukturen. Zwar erkennt Hocquenghem das politische Potenzial ›tuntiger‹ Performance, doch gibt er sich mit dem

---

32 Butler, Das Unbehagen der Geschlechter, S. 38f.

Verunsichern nicht zufrieden. Er will die Kategorien Geschlecht und Identität, die er als grundsätzliche Zumutungen und Verstümmelungen der Moderne analysiert, mitsamt ihrer materiellen Grundlagen abschaffen: »Dem Begehren zu begegnen, heißt zuallererst, den Unterschied der Geschlechter zu vergessen.« (S. 121)

Anziehungskraft und Aktualität

Daran, dass der Text auch heute noch eine derartige Faszination ausübt, hat nicht zuletzt seine Form einen großen Anteil. Hocquenghem beherrscht einen Ton, der zwischen komplexem Theoretisieren und bissiger Polemik, zwischen politischer Agitation und größtem Stilwillen oszilliert. Dass er dabei auch vor apodiktischen Aussagen nicht zurückscheut, führt zu zahlreichen Sätzen, die sich einprägen: »Der Körper ist auf den Phallus ausgerichtet wie die Gesellschaft auf den Chef.« (S. 73) Zugleich macht Hocquenghem eklektizistisch Gebrauch von Theorien. Jacques Lacan etwa wird zwar kaum erwähnt, doch gehen zahlreiche der im Text verwendeten (und kritisierten) Konzepte auf ihn zurück: die *jouissance*, das Spiegelstadium, die ›ganze Person‹, das Imaginäre, der Phallus, der Mangel, usw. Genauso eklektizistisch bedient Hocquenghem sich etwa bei Marx, Marcuse und Sartre. Und vor allem macht er kreativ Gebrauch vom *Anti-Ödipus*, etwa wenn er zur Bezeichnung spezifisch schwuler Formen der Kontaktsuche den Ausdruck Cruisingmaschine (*machine de drague*) verwendet. Zugleich ignoriert er jegliche strikte Trennung von Philosophie oder Soziologie einerseits und Literatur andererseits. Vor allem Texte Robert Musils, Thomas Manns und Marcel Prousts werden zu Ausgangspunkten seines Denkens oder dienen als Beleg für seine Thesen. Hocquenghem zeigt: Die literarischen Figuren Charlus, Törleß und Aschenbach verraten mehr über das homosexuelle Begehren als der Kinsey-Report.

Als von Ausgrenzung und Homophobie Betroffener wollte

Hocquenghem gegen Pathologisierung und pseudorevolutionäre Praxis das Alltagsleben revolutionär umgestalten, gerade weil der Alltag der meisten Menschen stupide, stumpf, entmenschlichend und wenig lustvoll war. »[Der professionelle Revolutionär, d. Hrsg.] hat es nicht nötig, zu revoltieren, er weiß ja schon, dass er die Revolution will. […] Genau so wollen wir nicht mehr sein. Wir wollen aus unserem Bauch heraus reden. Wir wollen sagen, was wir sind, was wir fühlen.«[33] Hocquenghem hatte eine (im Wortsinne) *Kultur*revolution im Sinn, die ihn nicht bloß zu einem unmöglichen Bündnispartner der zahllosen traditionsmarxistischen Klein- und Großgruppen machte, sondern – gemeinsam mit den Feministinnen – zu einem Gegner dieser Gruppen. Noch 1979 schrieb er erbittert: »Es gab nie einen schlimmeren Feind der Homosexuellen als die Kommunistische Partei Frankreichs, und es wird auch nie einen schlimmeren geben.«[34] Über die Enttäuschung der ausgebliebenen Revolution hinaus findet sich in *Das homosexuelle Begehren* eine radikale Unversöhnlichkeit mit der bürgerlich-kapitalistischen Gesellschaft und ihrer Sexualordnung bewahrt, die sich im unbedingten Wunsch nach grundlegender Veränderung der gesellschaftlichen Strukturen, in der Hoffnung auf die Befreiung der Sexualität aller sowie in der Bekämpfung der Beschränkung, zwischen einer ausschließlichen heterosexuellen oder homosexuellen Welt wählen zu müssen, ausdrückt.

So ließe sich mit *Das homosexuelle Begehren* auch in die heutigen Debatten der Queer Theory intervenieren. Ausgehend von Hocquenghems Überlegungen könnten die ›blinden Flecken‹ des Performanzkonzepts diskutiert bzw. ein alternatives Identitätsverständnis entwickelt werden, das stärker das Politische des Begehrens bzw. dessen anti-identitäres Potenzial in den Vordergrund stellt. Daran anschließend könnte die aus queerer Sicht immer noch starke Skepsis gegenüber der Psy-

---

33 Hocquenghem, C'est personnel, S. 8.
34 Hocquenghem, Pédés, o. S.

choanalyse hinterfragt werden, auch weil die Psychoanalyse, wie Hocquenghem überzeugend darlegt, mehr ist als ein normierender und pathologisierender Diskurs. Weiterhin könnte über *Das homosexuelle Begehren* auch eine Diskussion über die politischen Ziele queerer Theorie angestoßen werden, also nicht zuletzt über die Fragen: »Wie sollen Emotionalität und Rationalität, Intimität und Instrumentalität zueinander in Beziehung gesetzt, wie Beziehungen des Privaten und Öffentlichen, des Intimen und Anonymen miteinander vermittelt werden? Mit anderen Worten, wie sollen die sozialen Konstruktionen von Geschlecht rekonstruiert werden?«[35] Auf diese Fragen kann es keine zufriedenstellende rein identitätspolitische, communityorientierte oder performanztheoretische Antwort geben. Eine gesellschaftskritische Perspektive, die – eingedenk der unterschiedlichen Diskriminierungsformen – auf eine emanzipatorische Veränderung des *Ganzen* abzielt, ist notwendige Bedingung für eine universelle, nicht partikular verbleibende Transformation. Es geht schließlich nicht »um Weltanschauung, auch nicht um die Seele des Menschen, sondern um die Änderung der bestimmten Verhältnisse, unter denen die Menschen leiden«.[36]

Die Suche nach dem revolutionären Subjekt

So sehr Hocquenghem sich gegen die Fixierung des Begehrens in Identitäten wehrt, tendiert er doch selbst an einigen Stellen dazu, dem homosexuellen Begehren und auch der homosexuellen Praxis (per se) ein besonderes Erkenntnis- und Veränderungspotenzial zuzuschreiben – mithin eine gewisse Essenzialisierung ihrer Subversivität vorzunehmen. Einerseits wird bei ihm das homosexuelle Begehren über seinen gesellschaftlichen Ort zu etwas Subversivem. In der patriarchalen und phallokra-

---

[35] Adamczak, Beziehungsweise Revolution, S. 107.
[36] Horkheimer, Materialismus und Metaphysik, S. 29.

tischen Gesellschaft, die den Anus privatisiert, ist die homosexuelle Praxis etwas Ausgestoßenes, an den Rand Gedrängtes – und gerade dadurch wird sie subversiv: Sie stellt durch ihre eigene Praxis, das auf den Anus gerichtete Begehren, die geltenden Normen und die Zwänge der Heteronormativität in Frage. Auf Basis dieser noch recht nachvollziehbaren Modellierung von Subversivität innerhalb der gesellschaftlichen Verhältnisse kommt er jedoch zur folgenden, seiner ersten Annahme widersprechenden Aufteilung: »Sicher, das homosexuelle Begehren wird genau deswegen zur Homosexualität und geht gerade darum dem Ödipus in die Falle, weil das anale Gruppale sonst tatsächlich das ödipale Soziale zum Schweigen bringen könnte. Und der Ödipus-Mythos erlaubt uns endlich auch zu verstehen, warum wir unterscheiden müssen zwischen dem homosexuellen Begehren, d. h. der primären, die Undifferenziertheit des Begehrens bezeugenden Homosexualität, und der ödipalen Homosexualität, die pervers ist und deren ganze Energie sich darauf richtet, das Gesetz zu stärken«. (S. 95) Hocquenghem unterscheidet hier also zwischen einem unmittelbaren, authentischen homosexuellen Begehren und einer vermittelten, nicht-authentischen Homosexualität, durch die das Begehren aufgrund seiner subversiven Kraft eingehegt werden müsse. Indem er jegliche gesellschaftliche Einflüsse in die ödipale Homosexualität externalisiert, kann Hocquenghem eine eigentliche, vermeintlich unvermittelte Homosexualität als deren Gegensatz konstruieren. Nur in einer solchen Weise lässt sich das primäre homosexuelle Begehren dann als ein *an sich* subversives fassen. Das Begehren sowie dessen Praxis liegt allerdings immer in *bestimmten* Formen vor bzw. ist von diesen nicht abzulösen, eine Befreiung des Begehrens ist (aufgrund dieser Vermittlung) somit nicht als Befreiung eines *eigentlichen* oder *ursprünglichen* Begehrens zu denken.

In der zeitgenössischen deutschsprachigen Rezeption ist es denn auch dieser Aspekt, der die schärfste Kritik erfährt. In der Zeitschrift *Prokla* wird Hocquenghem 1974 als »äußerst populäre[r] Ideologe der Homosexuellenbewegung in Frankreich«

bezeichnet und sein Text aufgrund seiner »Glorifizierung der Homosexualität« als Ausdruck »abgeschmacktester Eliteideologien« kritisiert.[37] Die Homosexuellen würden »von ihm zu Märtyrern und Avantgardisten kommender gesellschaftlicher Umwälzungen hochgejubelt«[38], schreiben Thorsten Graf und Mimi Steglitz (d. i. Manfred Herzer). Zwar wird diese Kritik in einer von den sich als ›Feministen‹ bezeichnenden Tunten verfassten Replik in der darauffolgenden *Prokla*-Ausgabe als »plumpe Diffamierung« zurückgewiesen,[39] doch nimmt ihr das kaum den Wind aus den Segeln: Martin Dannecker widmet einer Kritik an Hocquenghem eigens das letzte Kapitel seines Buchs *Der Homosexuelle und die Homosexualität*. Er wirft Hocquenghem vor, die gesellschaftliche Abwertung schwuler Beziehungs- und Begehrensformen einfach umzukehren. Dadurch schmälere er nicht nur »das Elend der Homosexuellen«, sondern werde vor allem »zum Apologeten der blinden Mechanismen der homosexuellen Subkultur, deren Zwänge er undurchschaut feiert, und schließlich zum Lobsänger eines typisch männlichen Umgangs mit der Sexualität«.[40] Hocquenghems anthropologisierende Auffassung, dass die homosexuellen Beziehungsweisen den heterosexuellen überlegen seien, weil sie »der Existenzweise des Begehrens selbst« entsprächen, sei ein »Rückfall hinter schon erreichte Positionen«.[41] Sein grundlegender Fehler sei, dass er die Differenz zwischen Homosexuellen »als konkrete[n], verfolgte[n] und unterdrückte[n] Individuen« und der Homosexualität »als unbefreite[m] menschliche[n] Trieb« nicht aushalte.[42] Diese Lesart scheint für die Rezeption

---

37 Graf/Steglitz, Homosexuellenunterdrückung in der bürgerlichen Gesellschaft, S. 65f.
38 Ebd., S. 51, Fn. 50.
39 Hoffmann/Marwitz/Runze, Wie können Tunten Sozialisten sein?, S. 93.
40 Dannecker, Der Homosexuelle und die Homosexualität, S. 115f.
41 Ebd., S. 118.
42 Ebd., S. 27. Dannecker trifft damit durchaus ein Moment, das sich aber keineswegs so eindeutig in Hocquenghems Text zeigt. Viel eher ist festzuhalten, dass Danneckers und Hocquenghems Positionen gar nicht so weit voneinander entfernt sind.

Hocquenghems in der progressiven homosexuellen Theorie einflussreich zu sein. Auch Michael Holy übernimmt sie in einem Rückblick auf die Schwulenbewegung der 1970er Jahre in der BRD.[43] Darüber werden aber, wie bisher deutlich geworden sein sollte, das große Potenzial und die Anknüpfungspunkte von *Das homosexuelle Begehren* übersehen. Eine der interessantesten Anknüpfungen an Hocquenghem unternimmt Klaus Theweleit im zweiten Band seiner *Männerphantasien*, in dem Hocquenghems Theorie ein ganzes Unterkapitel gewidmet ist. Theweleit macht Hocquenghems Unterscheidung zwischen primärer Homosexualität (dem homosexuellen Begehren) und sekundärer (d. h. ödipalisierter) Homosexualität für seine Analyse des ›weißen Terrors‹ fruchtbar. Er nimmt Hocquenghems Perspektive ernst: »[I]m Betreten des Anus ist damit impliziert das Öffnen gesellschaftlicher Gefängnisse, der Eintritt ins verbotene Verlies, in dem die Schlüssel zu manch anderen Verliesen aufbewahrt sind – es ist dadurch verknüpft mit der Wiedergewinnung der revolutionären Dimension des Wunsches, der revolutionär ist, weil er ›Wunsch zu wünschen‹ ist.« Und er hält fest: Hocquenghem wolle im Gegensatz zu Danneckers und Reiches empirischer Studie *Der gewöhnliche Homosexuelle* »eine theoretische Implikation beschreiben, die im empirischen Verhalten vieler Homosexueller nur schwer zu entdecken sein dürfte – das ändert jedoch nichts an ihrer Berechtigung«.[44]

Auf der politischen Ebene erkennt auch Hocquenghem, dass die Formen, in denen sich das Begehren äußern kann bzw. sich darstellt und ausleben kann, im Wesentlichen den gesellschaftlichen Verhältnissen unterliegen und von diesen ge- und überformt werden. Dennoch modelliert er die Befreiung des Begehrens als Befreiung des Begehrens *an sich*, als Befreiung des Begehrens von ihm äußerlichen Zwängen und Einschränkungen – als Zurück zu einem »sexuellen Urkommunismus« (S. 94). Gerade weil die Formen der Begehrensäuße-

---

43 Vgl. Holy, Jenseits von Stonewall, S. 60.
44 Beide Zitate: Theweleit, Männerphantasien, S. 358.

rungen und der Objektwahl(-möglichkeiten) immer und notwendig durch die jeweils herrschenden gesellschaftlichen Verhältnisse vermittelt sind, ist das Begehren, auch wenn in ihm ›Natur‹ sich findet, eine *gesellschaftliche* Kategorie. Das bedeutet als Konsequenz aber letztlich auch, dass die Setzung des Begehrens als ursprüngliches nicht bloß Hocquenghems eigenem Materialismus widerspricht, sondern auch sich selbst, weil sich eben Gesellschaftliches und Natürliches nicht einfach voneinander scheiden lassen.[45] An diesem Widerspruch, der ein gesellschaftlicher ist und der auch *Das homosexuelle Begehren* implizit durchzieht, wäre sodann anzusetzen und die Befreiung des Begehrens als Befreiung hin zu etwas zu modellieren, das diese Widersprüche hinter sich gelassen hat – also nicht im Sinne einer Rückkehr, sondern im Sinne einer emanzipatorischen Veränderung derjenigen Bedingungen, unter denen es sich formiert und vollzieht.

Wie so viele andere hoffte auch Hocquenghem, die Homosexualität bzw. ihre Entsublimierung sei die Vorbotin eines gesellschaftlichen Umsturzes. Das mag aus heutiger Perspektive zwar verwundern, war aber angesichts der Repression und Ablehnung, die der Homosexualität in den 1960er und 1970er Jahren noch entgegenschlug, durchaus nichts Ungewöhnliches, schließlich war homosexuelles Begehren tatsächlich aufrührerisch – gerade wo es in die Öffentlichkeit drängte.[46] Der Gedanke, die Homosexualität könne aufgrund ihrer Verworfenheit revolutionäre Potenziale entfalten und das Einklagen der homosexuellen Position sei ein Schritt auf dem Weg, das System patriarchaler und kapitalistischer Ökonomie zum Einsturz zu bringen, war weit verbreitet: So wie Hocquenghem erwarteten viele Theoretiker*innen, die Homosexuellenemanzipation werde

---

[45] Vgl. für eine solche Problemmodellierung, wenn auch mit anderem Fokus, bspw.: Adorno, Thesen über Bedürfnis oder Arndt, Arbeit und Nicht-Arbeit.
[46] Nicht umsonst findet sich in fast allen Schwulenbewegungen der 1970er Jahre die Forderung, mit der eigenen Homosexualität an die Öffentlichkeit zu treten bzw. die Klappen zu verlassen und auf die Straße zu kommen.

nicht nur zur Befreiung einer partikularen Gruppe, sondern zur gesellschaftlichen Befreiung von geschlechtlichen Rollen, Lustfeindlichkeit und repressiver Sozialisation durch die bürgerliche Kleinfamilie beitragen, wenn nicht sogar diese zu Fall bringen. In Mario Mielis 1977 erschienenem und für die italienische Schwulenbewegung wegweisendem *Elementi di critica omosessuale*, das 2018 unter dem Titel *Towards a Gay Communism* neu auf Englisch erschienen ist, finden sich vergleichbare Positionen, und auch Volkmar Sigusch schrieb noch 1984: »Nur dann, wenn der Körper zum Leib wird und die Anarchie der Triebe alle Ordnungen stürzt, kann sich etwas am Verhältnis von Herr und Knecht, von Mann und Frau ändern.«[47] Hier wird deutlich, inwieweit grundsätzlich individuelle Wünsche, Hoffnungen und das eigene Unbewusste in die Auseinandersetzung mit gesellschaftlichen Verhältnissen und dem Leid, das diese allen antun, Eingang finden. Darin steckt allerdings zugleich ein wahres Moment, und die immer auch subjektive Auseinandersetzung mit diesem Leid sollte nicht einfach als Naivität oder theoretische Unreife abgetan werden. Schließlich entfalten das homosexuelle Begehren und die sich ihm hingebenden Individuen ja tatsächlich auch ein revolutionäres Potenzial, denn das homosexuelle Begehren »sucht die ›normale Welt‹ heim« (S. 13) und bedroht sie, es verweist immerzu auf die Unabgeschlossenheit der Identität, auf das Polymorph-Perverse des Begehrens.

So schließt die Forderung der Entsublimierung des (homosexuellen) Begehrens an eine lange und dissidente Tradition linker Theorie an, zu der beispielsweise auch Charles Fourier, Wilhelm Reich, Erich Fromm, Simone de Beauvoir und Herbert Marcuse zählen. Dort wurde sie nicht selten als ein möglicher Weg gesamtgesellschaftlicher Befreiung verhandelt, da die enge Verbindung zwischen Kapitalismus und Patriarchat in der Auseinandersetzung mit dem Begehren besonders deutlich wird. Hocquenghem argumentiert, dass das Prinzip von Kon-

---

47 Sigusch, Verkehrtherum leben, S. 83.

kurrenz und Herrschaft, das in den Produktionsverhältnissen gründet, sich in der Organisation der Einzelnen in der heterosexuellen Familie als autonomes verdoppelt, das so auch seinem materiell-ökonomischen Überflüssigwerden widersteht. Das Begehren zu befreien, seine Einhegungen und damit die Basis für die kleinbürgerliche, heterosexuelle und auf Reproduktion ausgerichtete Familie abzuschaffen, ist in diesem Sinne in jedem Fall ein Angriff auf eines der wesentlichen Organisationsprinzipien der herrschenden Gesellschaft.[48]

Hocquenghem gibt sich jedoch nicht damit zufrieden, nur die kleinbürgerliche heterosexuelle Familie abzuschaffen – er richtet sich gleichermaßen gegen die ›ganze Person‹, wie er in Anlehnung an Jacques Lacan schreibt, also gegen das (ödipale) Subjekt. Wo der Kritischen Theorie die Ich-Schwäche als Bedrohung für die Bedingungen der Möglichkeit emanzipatorischer Veränderung gilt, kann Hocquenghem das Ich nur als ödipales verstehen, weshalb für ihn die Auflösung des Ich gerade zum Ziel emanzipatorischer Veränderung wird. Dass es zur Emanzipation aber immer noch Subjekte braucht, die sich emanzipieren, verschwindet in dieser Perspektive aus dem Blickfeld. So schließen sich in dem von Hocquenghem geforderten Modus der Gruppalisierung nicht mehr Individuen zu-

---

[48] Hier wird eine Parallele zu Herbert Marcuse, der ebenfalls vom ›polymorph-perversen‹ Begehren ausgeht, besonders deutlich: Marcuse konstatiert, dass die Furcht vor den ›Perversionen‹ bzw. einem befreiten Lustprinzip gerade deswegen so groß sei, weil diese sich gegen *die* zentrale gesellschaftliche Organisationsform, die Familie, richten: »Die gesellschaftsbildende Organisation des Sexualtriebs belegt praktisch alle Manifestationen, die nicht der Fortpflanzungsfunktion dienen oder sie vorbereiten, mit dem Tabu der *Perversionen*. […] Die Perversionen scheinen ein *promesse de bonheur* zu bieten, das größer ist, als die ›normale‹ Sexualität. Was ist die Quelle ihres Versprechens? […] Die Perversionen drücken […] eine Auflehnung gegen die Unterwerfung der Sexualität unter den Befehl der Fortpflanzung aus und gegen die Institutionen, die diesen Befehl garantieren. […] eine Opposition gegen die Fortsetzung der Kette der Fortpflanzung und damit der väterlichen Herrschaft […]. Die Perversionen scheinen die gesamte Versklavung des Lust-Ichs durch das Realitäts-Ich abzulehnen.« (Marcuse, Triebstruktur und Gesellschaft, S. 49, Herv. i. O.).

sammen, sondern es verkoppeln sich undifferenzierte, unpersönliche Begehrensströme.⁴⁹ Jegliche gesellschaftliche Vermittlung wird in der Unmittelbarkeit des Begehrens suspendiert. Der Begriff des Individuums steht am Ende von *Das homosexuelle Begehren* dann auch in Anführungszeichen, und in Anlehnung an Fouriers Kritik an der Zivilisiertheit verkündet Hocquenghem: »Das homosexuelle Begehren steht dem Tod nicht näher als dem Leben, es ist der Mörder der zivilisierten Ichs.« (S. 150) Es sollte daher erneut daran erinnert werden, dass eine Entsublimierung des Begehrens, ebenso wie homosexuelle Praxis, weder per se emanzipatorisch ist, noch dass sie vor einem Umschlag in Regression (nicht nur im psychoanalytischen Sinne) gefeit wäre. Schon Theweleit bemerkt in *Männerphantasien*, dass etwa der völkische Männerbundtheoretiker Hans Blüher »die Tendenz zur gruppenbildenden, öffentlichen, ja tabuverletzend zur Schau gestellten Homosexualität« gerade zu den »Eigenschaften des männerliebenden ›freien Männerhelden‹ des Wandervogels, der deutschen Jugendbewegung oder auch der SA«⁵⁰ zählte. Und Benedikt Wolf argumentiert, dass die Affirmation des Todestriebs und der ›destruktiven Komponenten‹ der Homosexualität, wie sie sich in der sogenannten *anti-social queer theory*⁵¹ wiederfindet (zu der u. a. Leo

---

49 Die Hinweise der vorherigen Fußnote sowie der Fußnote 165 im Haupttext zeigen, dass auch die Kritische Theorie in der »verketzerten Maxime« (Adorno, Huxley und die Utopie, S. 107) der Entsublimierung des Begehrens nicht nur einen Schrecken, sondern auch ein Potenzial sieht, das trotz der Unterschiede an das Konzept der Gruppalisierung erinnert.
50 Theweleit, Männerphantasien, S. 359.
51 Als *anti-social queer theory* wird ein Theoriestrang der Queer Theory bezeichnet, der sich affirmativ auf eine normbrechende und eben dadurch ›antisoziale‹ Negativität und Destruktivität bezieht, die eine Integration ins Bestehende grundsätzlich ablehnt. Dieser Theoriestrang geht ebenfalls vom Begehren aus und begreift es als grundsätzlich »anti-communitarian, self-shattering and anti-identitarian« (Halberstam, The Anti-Social Turn, S. 140). Diese durchaus zutreffende Beobachtung resultiert dann aber in einem politischen Programm, das eben nicht mehr die Transzendierung gesellschaftlicher Verhältnisse und die Befreiung der Individuen zum Ziel hat, sondern bei einer unbestimmt-abstrakten Negation des Bestehenden verharrt: »we must be wil-

Bersani, Jack Halberstam, Tim Dean und Lee Edelman zählen) und sich auch bei Hocquenghem stellenweise andeutet, in die Irre führe und nicht zuletzt die Grundlage für die Terrorismusapologie einer Jasbir Puar bilde.[52]

Negative Irritationen

Hocquenghems polemischer Stil, sein radikaler und unversöhnlicher Gestus, ist unverzichtbarer Teil des politischen Handgemenges, in dem seine Texte sich situieren, und kennzeichnet daher nicht nur *Das homosexuelle Begehren*, sondern auch viele seiner späteren Texte[53]: So griff er zwei Jahre vor seinem Tod noch einmal all jene ›Renegat*innen‹ von 1968, die sich auf die Seite der Herrschenden geschlagen und im Politik- und Kulturbetrieb Karriere gemacht hatten, in einem großen Rundumschlag an.[54] Doch nicht immer ›traf‹ Hocquenghem seine Gegner*innen und nicht immer provozierten seine Texte in subversiver Weise. Das, was Polemik (von griech. *pólemos* – Krieg, Streit) will, nämlich die Gegner treffen, einen Punkt zum Zwecke der Klarheit, der Subversion oder des Tabubruchs zu- und überspitzen, gelang ihm bisweilen überhaupt nicht.

Auch wenn Hocquenghem, nicht zuletzt aufgrund seiner einnehmenden Erscheinung, zu einer Ikone der (französischen) Schwulenbewegung geworden ist, lässt sich über ihn daher

---

ling [...] to fuck shit up, [...] to breed resentment, [...] assassinate, shock and annihilate, and [...] to make everyone a little less happy!« (Ebd., S. 154; vgl. auch: Caserio et. al, The Antisocial Thesis).

52 Vgl. Wolf, Versuche über die Pubertät, S. 201f.

53 So resümiert auch Günter Amendt wohl zu Recht: »Noch jede Emanzipationsbewegung schoß, um auf sich aufmerksam zu machen, übers Ziel hinaus. Ohne Maßlosigkeit sind Tabus nicht zu brechen. Auch die Frauenbewegung und die Bewegung der Homosexuellen in den 1970er Jahren griffen mit ihren schrillen Parolen und provokativen Forderungen auf dieses Stilmittel zurück.« (Amendt, »Sexfront«. Revisited, S. 114).

54 Der bislang unübersetzte Text trägt den Titel *Lettre ouverte à ceux qui sont passés du col Mao au Rotary* (»Offener Brief an diejenigen, die vom Mao-Kragen zu Rotary gewechselt sind«) und erschien 1986 bei Albin Michel. 2003 und 2014 wurde er bei Agone neu aufgelegt.

nicht im Stil einer Hagiographie schreiben. Zu schillernd ist seine Person, zu widersprüchlich, kontrovers und teilweise auch zu problematisch ist vor allem sein späteres publizistisches Werk. Ein Nachwort zu einer Neuausgabe seines frühen Hauptwerks muss sich daher auch mit den Entwicklungen beschäftigen, die Hocquenghem und sein Werk nach der Veröffentlichung von *Das homosexuelle Begehren* nahmen.

Rückblickend löst insbesondere sein Engagement für die ›Befreiung der kindlichen Sexualität‹, also für die Abschaffung jeglicher Schutzaltersgrenze für Sex mit Minderjährigen, Befremden aus. Sein gemeinsam mit René Schérer veröffentlichter Band *Co-ire. Album Systématique de L'Enfance*, der in den späten 1970ern in mehrere Sprachen übersetzt wird, will im Sinne Foucaults nicht nur die Altersgrenzen zwischen Minder- und Volljährigkeit, sondern die Kategorie Kindheit selbst als Konstruktion entlarven und setzt sich das Ziel, Kinder aus den willkürlichen kategorialen Zuschreibungen der Erwachsenen zu befreien. Den Autoren geht es selbstverständlich nicht darum, Kindesmissbrauch zu rechtfertigen, aber indem die besondere Schutzbedürftigkeit von Kindern geleugnet und die Illusion unproblematischer, weil auf beiderseitigem Einverständnis beruhender sexueller Beziehungen zwischen Minderjährigen und Erwachsenen errichtet wird, wird der Raum für eine höchst problematische Grauzone geschaffen. Mit Günter Amendt muss unmissverständlich betont werden, »dass es ›einvernehmliche sexuelle Beziehungen‹ zwischen Kindern und Erwachsenen nicht gibt und nicht geben kann«.[55] Und es ändert nichts an der Bedenklichkeit von Hocquenghems Position, dass sie in den 1970er und 1980er Jahren weder in der Homosexuellenbewegung noch in der Linken eine Ausnahme war.[56]

---

[55] Amendt, Sexueller Missbrauch von Kindern, S. 1164.
[56] So haben 1977 neben Hocquenghem u.a. Jean-Paul Sartre, Simone de Beauvoir, Roland Barthes, Christiane Rochefort, Gilles Deleuze, Félix Guattari, Bernard Kouchner und André Glucksmann einen offenen Brief in *Le Monde* zur Sexualität Minderjähriger initiiert und unterzeichnet (vgl. Idier, Les vies de Guy Hocquenghem, S. 165).

Mehrfach wird Hocquenghem außerdem für antisemitische Äußerungen in seinen journalistischen oder publizistischen Texten kritisiert. Gemeinsam mit Jean-Luc Hennig schreibt er 1978 in *Libération* eine Polemik gegen eine Reihe zeitgenössischer französischer Philosophen, in der der 1903 geborene Vladimir Jankélévitch – Jude und von 1941 bis zur Befreiung Mitglied der Résistance – als in einen »gestreiften Pyjama« gekleidete »philosophische Prothese« diffamiert wird.[57] Ganz ähnliche Aussagen finden sich auch in Hocquenghems Auseinandersetzung mit der Shoah. Ausgehend von der tatsächlich lange Zeit verdrängten oder geleugneten Verfolgung Homosexueller im Nationalsozialismus und durch das Vichy-Regime, führte Hocquenghem einen Kampf gegen eine vermeintliche ›Opfer-Hierarchie‹. In einem in drei Teilen erschienenen Text zur *Geburt der Homosexualität* schreibt Hocquenghem von der »›Endlösung‹ des Problems der Homosexualität«, die »in den Geschichtsbüchern […] so gut wie gar nicht« vorkomme – im Gegensatz zum Genozid an den europäischen Jüdinnen und Juden, den Hocquenghem höchst lapidar relativiert: »Natürlich hat es auch die Juden erwischt […].«[58] Ein Artikel zur TV-Serie *Holocaust*, in dem Hocquenghem ebenfalls eine Opfer-Hierarchie beklagt und die Politikerin Simone Veil beschuldigt, die Rede über die Shoah zu monopolisieren, hatte zudem einen Satz enthalten, der erst kurz vor Drucklegung entfernt wurde: »Ich hätte nicht in der Baracke leben wollen, in der Simone Veil Kapo war.«[59] Und im Vorwort zur französischen Übersetzung des unter dem Pseudonym Heinz Heger veröffentlichten autobiographischen Berichts *Die Männer mit dem Rosa Winkel* raunt Hocquenghem von der »ungeheuerlichen

---

[57] Hennig/Hocquenghem: Comment faire la peine aux philosophes.
[58] Hocquenghem, Die Geburt der Homosexualität. Teil 1, S. 48. In einer kruden Verdrehung geschichtlicher Tatsachen behauptet Hocquenghem zudem, das Sowjetregime habe »[d]as Signal zum Massenmord« gegeben, könne »sich der Erfindung der KZs rühmen« und Stalin sei verantwortlich für die Homosexuellenverfolgung im Nationalsozialismus (Hocquenghem, Die Geburt der Homosexualität. Teil 3, S. 47f.).
[59] Zitiert nach Idier, Les vies de Guy Hocquenghem, S. 206.

Fälschung (*truquage*), die von den Listen der Deportierten diejenigen verschwinden lässt, die einen rosa Winkel trugen«.[60] Nur Alain Finkielkraut und Bernard-Henri Lévy übten harsche Kritik an diesem Vorwort, das zudem die Zahlen der deportierten Homosexuellen maßlos übertreibt.[61]

Erwähnt seien schließlich auch die irritierend geringen Berührungsängste Hocquenghems zur Neuen Rechten. Schon 1979, noch nicht lange nach seinem Einstieg bei *Libération*, irritierte er dort durch einen zweiteiligen Artikel zur *Nouvelle Droite*, in dem er diese zwar nicht unterstützt, aber doch fordert, sie ernst zu nehmen, und für einige ihrer grundlegenden Positionen Verständnis äußert.[62] Der Artikel wurde von einigen Kolleg*innen bei *Libération* als Verteidigung der Neuen Rechten gelesen – nicht nur zu Unrecht, so scheint es. Jedenfalls trafen sich Hocquenghem und Alain de Benoist, einer der neurechten Vordenker, in den 1980er Jahren mehrfach und hatten Benoist zufolge sogar den Plan eines gemeinsamen Buchprojekts über die neokonservative Rechte in den USA, das wohl nur aufgrund von Hocquenghems frühem Tod nicht realisiert wurde. Auch zu anderen Figuren, die sich der Neuen Rechten zuordnen lassen, unterhielt Hocquenghem freundlichen Kontakt, etwa zu Louis Pauwels, Jean-Edern Hallier, Gabriel Matzneff und Renaud Camus. Dass die 2016 gegründete rechtsnietzscheanische Zeitschrift *Raskar Kapac* Hocquenghem ihre vierte Ausgabe widmete, zeugt davon, dass derlei Kontakte aus den 1980er Jahren auch heute noch aufgegriffen werden.[63]

Und doch wäre es falsch, Hocquenghem das Etikett aufzudrücken, ein Rechter geworden zu sein. Vielmehr kritisierte er

---

60 Vgl. zu diesem Thema: Idier, L'écriture de l'»histoire gay«.
61 Vgl. Idier, Les vies de Guy Hocquenghem, S. 210f. Aktuelle Forschungen konnten den von Hocquenghem kolportierten Mythos eines »Genozids« an den Homosexuellen unter dem Vichy-Regime widerlegen: »Einschlägige Strafakten wurden bislang lediglich für 63 Verfahren ausfindig gemacht.« (Grau, Lexikon zur Homosexuellenverfolgung, S. 96).
62 Vgl. Hocquenghem, Journal de rêve, S. 98–117.
63 Das Editorial dieser Ausgabe findet sich unter: https://raskarkapac.wordpress.com/2017/03/02/ledito-raskar-kapac-fricote-avec-guy-hocquenghem/.

weiterhin die Linke, indem er sie an ihren eigenen Prinzipien maß. So zollte er der Regierung Mitterrand 1981 zwar Anerkennung dafür, die rechtliche Lage der Homosexuellen deutlich verbessert sowie allen in Frankreich lebenden illegalisierten Migrant*innen die Staatsbürgerschaft in Aussicht gestellt zu haben, doch kritisierte er beispielsweise, dass in den Reihen der Regierung kein*e Araber*in zu finden war. 1988, als es der rechtsextreme Jean-Marie Le Pen in die Stichwahl der Präsidentschaftswahl schaffte, zeigte Hocquenghem sich schockiert – und zwar nicht zuletzt darüber, dass in diesem Zuge Begriffe wie der der »nationalen Identität« auch von Politiker*innen anderer Lager übernommen wurden. Zudem unterstützte er die antirassistische Organisation *SOS Racisme* – auch wenn er ihren Slogan *touche pas à mon pote* (»Fass meinen Kumpel nicht an«) gerne in *touche à mon pote* (»Fass meinen Kumpel an«) geändert gesehen hätte.[64]

Was zu bewahren ist –
eine radikal-queere Gesellschaftskritik

Wie verhält sich nun der hier neu herausgegebene Text zu dieser Kritik? Diesem geht es (noch), wie hoffentlich deutlich werden konnte, um nichts Geringeres als die Revolution der Beziehungsweisen, um das Ende der sexuellen Norm überhaupt, um das Verschwinden der Kategorien Homo- und Heterosexualität. Dabei behandelt er nicht nur als einer der Ersten die Beziehung zwischen Homophobie, Heteronormativität und Kapitalismus sowie die Reproduktion dieses Verhältnisses (über den Ödipus) in der Familie, sondern tut dies in einer Weise, die heutzutage kaum mehr anzutreffen ist. Wenn Hocquenghem die Reproduktion des Ödipus mit familialer Reproduktion und Fortpflanzung sowie die Subjektkonstitution über die Verdrän-

---

64 Vgl. Idier, Les vies de Guy Hocquenghem, S. 231 sowie Hocquenghem, Touche à mon pote!.

gung des Anus mit der Herausbildung von Privatpersonen (d. i. Warenbesitzer*innen) parallelisiert, bietet er damit nach wie vor bemerkenswerte Anknüpfungspunkte für die Analyse und Kritik patriarchal-kapitalistischer Verhältnisse in der Gegenwart. Die Befreiung des Begehrens wird dabei zur Bedingung und zum Ausgangspunkt von Befreiung überhaupt. Die darin enthaltene Vorstellung von Befreiung bricht zudem mit den orthodox-marxistischen Vorstellungen von Revolution und Veränderung – meint Revolution hier doch nicht bloß einen proletarischen Aufstand und die Diktatur des Proletariats, sondern die konkrete Befreiung (der Lust) der Einzelnen.

Die Betonung der politischen und sozialen Bedeutung einer libidinösen Besetzung des Anus über dessen Gruppalisierung, welche die Dominanz des Phallus (theoretisch *wie* praktisch) angreifen und überwinden soll, war Anfang der 1970er Jahre Hocquenghems politisches Programm für die Befreiung der Sexualität vom Phallus, für die Überwindung der patriarchalen Verhältnisse. In diesem Programm kulminiert nicht nur eine radikale Unversöhnlichkeit mit der bürgerlich-kapitalistischen Gesellschaft und ihrer Sexualordnung, sondern auch ein unbedingter Wunsch nach radikaler gesellschaftlicher Veränderung – auch wenn dabei gelegentlich die theoretische und politische Ebene verschwimmen. Das Ziel, das in *Das homosexuelle Begehren* ausgegeben wird, ist eine Gesellschaft, in der alle ohne Angst verschieden lieben und begehren können.[65] Diese Radikalität sowie einige der hier bereits skizzierten Ideen gehen weit über eine nur historische Bedeutung des Textes hinaus und können unseres Erachtens einer radikalen und radikal-queeren *Gesellschaftskritik* als Inspiration dienen.

---

[65] Eine solche Gesellschaft würde unserem Verständnis nach eine versöhnte, freie und vernünftig eingerichtete Gesellschaft sein – diese wäre im emphatischen Sinne sicherlich als kommunistische zu bezeichnen.

Editorische Epilegomena

Die vorliegende Neuübersetzung von Hocquenghems Text basiert auf Burkhart Kroebers Erstübersetzung aus dem Jahr 1974. Die entscheidenden Änderungen gegenüber der Erstübersetzung betreffen die fachsprachliche Terminologie. Insbesondere die Übersetzung der Terminologien französischer Theoretiker wie Lacan und Foucault (mit Begriffen wie ›Spiegelstadium‹ oder ›Diskurs‹), die 1974 im Deutschen noch kaum etabliert waren, wurde vereinheitlicht und jeweils an die heute gängige Übersetzung angepasst. So bringt die Neuübersetzung erstmals deutlich die vielfältigen und von Hocquenghem oft implizit gelassenen theoretischen Bezüge zum Vorschein. Zugleich haben wir mit unserer stilistischen Überarbeitung versucht, bei größtmöglicher Nähe zur Semantik des Textes dennoch den einzigartigen Ton von Hocquenghems essayistischer Prosa zu bewahren. Der Text wurde außerdem von Errata befreit und an die Regeln der neuen deutschen Rechtschreibung angepasst. Wo nötig, haben wir erläuternde Anmerkungen zum theoretischen und historischen Kontext sowie zu Übersetzungsfragen hinzugefügt. Darüber hinaus wurden in der vorliegenden Ausgabe erstmalig alle Zitate und Verweise überprüft, vervollständigt und aktualisiert. Damit liegt erstmals eine vollständig edierte Ausgabe vor, die allen gegenwärtigen wissenschaftlichen Standards entspricht, die über ein vollständiges Literaturverzeichnis verfügt und die so den politischen Charakter des Werks ergänzt.

Die auffälligste und weitreichendste terminologische Änderung im Vergleich zur Erstübersetzung besteht darin, dass wir das Wort ›Verlangen‹, mit dem Burkhart Kroeber ›désir‹ übersetzte, durch ›Begehren‹ ersetzt haben – wie es sich auch in der deutschsprachigen Fachdiskussion mittlerweile durchgesetzt und etabliert hat. Wie bei so vielen Begriffen gibt es auch keine einheitliche Übersetzung des Wortes ›désir‹. Das hat neben den materiellen Bedingungen des Übersetzens auch übersetzungsgeschichtliche und theorie- bzw. philosophiegeschichtliche Gründe. Beispielsweise wurde ›désir‹ in der ebenfalls

1974 erschienenen Erstübersetzung des *Anti-Ödipus* von Bernd Schwibs mit ›Wunsch‹ übertragen, und zumindest für die deleuzianische Philosophie hat sich diese Übertragung durchgesetzt. Besonders deutlich wird das an dem Neologismus ›Wunschmaschine‹ (*machine désirante*). ›Désir‹ mit ›Wunsch‹ zu übertragen ist zwar näher an Freud, der das Begriffspaar ›Begehren/Begierde‹ so gut wie nie verwendet[66], führt den Begriff ›désir‹ aber in einer Weise eng, in der die spezifische Mehrdeutigkeit oder Offenheit, die sich darin findet, ein Stück weit verloren geht. So heißt es denn auch in *Das Vokabular der Psychoanalyse*, dass »der Ausdruck *désir* nicht die gleiche Bedeutung hat wie der deutsche Ausdruck *Wunsch* oder der englische Ausdruck *wish*. ›Wunsch‹ bezeichnet eher ein umschriebenes Verlangen, während ›désir‹ einen Beiklang von Begierde oder Lüsternheit (böse Lust) hat.«[67] Aber auch das wechselseitige Verhältnis deutsch-französischer Theoriegeschichte der letzten knapp 100 Jahre spielt hier eine entscheidende Rolle: Alexandre Kojève übersetzt Hegels Begriff der ›Begierde‹ aus der *Phänomenologie des Geistes* in seiner für die französische Hegelrezeption maßgeblich gewordenen *Introduction à la lecture de Hegel* (1947) konsequent mit ›désir‹. Sowohl Jean-Paul Sartre als auch Jacques Lacan übernehmen Kojèves ›désir‹ als philosophischen und analytischen Grundbegriff und etablieren diesen so in den philosophischen Debatten Frankreichs (Lacan selbst gibt dem Begriff ›Begehren‹ bei der Rückübersetzung seines Begriffs ›désir‹ ins Deutsche explizit den Vorzug[68]). Darüber hinaus lässt sich vielleicht sagen, dass in den (mittlerweile wohl fast synonymen) Begriffen ›Begierde‹ und ›Begehren‹ eine Mischung aus unwillkürlichem Streben und

---

[66] Freud spricht zwar an einigen wenigen Stellen von ›Begierdezustand‹ oder ›Begierdespannung‹, hauptsächlich verwendet er aber den Begriff ›Wunsch‹. Im Englischen ist dies auch konsequent mit ›wish‹ übertragen worden; Jacques Lacans ›désir‹ hingegen mit ›desire‹.
[67] Laplanche/Pontalis, Das Vokabular der Psychoanalyse, S. 635, Herv. i. O.
[68] Vgl. dazu: Lacan, Das Seminar, S. 455 oder auch Lacan, Die Bedeutung des Phallus, S. 198.

bewusstem Wollen zum Ausdruck kommt, wohingegen ›Verlangen‹ eher ein auf ein konkretes Ziel gerichtetes, tatsächlich bewusst-intentionales (auf die Wunsch- bzw. Erwartungserfüllung ausgerichtetes) Wollen meint, weshalb wir – außer in direkten Zitaten – ›désir‹ konsequent mit ›Begehren‹ übersetzt haben, auch da, wo Hocquenghem explizit Wendungen aus dem *Anti-Ödipus* aufnimmt.

Zum Schluss möchten wir noch all denjenigen danken, die uns auf dem Weg zu dieser Neuherausgabe unterstützt haben. An erster Stelle sei hier Antoine Idier genannt, der unser Vorhaben von Beginn an mit großem Einsatz unterstützt hat und ohne dessen einzigartige Kenntnis von Leben und Werk Hocquenghems dieses Buch kaum in seiner jetzigen Form hätte erscheinen können. Umso bedauerlicher ist es, dass sein für diese Ausgabe vorgesehenes Vorwort vom Rechteinhaber abgelehnt wurde und daher nicht wie geplant in dieser Ausgabe abgedruckt werden kann. Sehr dankbar sind wir dem Kollektiv der Edition Nautilus, allen voran Katharina Picandet, die sich von keinem der Hindernisse, die auf dem Weg zur Realisierung dieses Projekts zu überwinden waren, hat aus der Ruhe bringen lassen. Dass der Verlag sich für das Wagnis dieser Neuausgabe entschieden hat, freut uns umso mehr, als wir uns keinen besseren Rahmen für diesen fulminanten Text vorstellen können als die *Flugschriften*-Reihe. Gedankt sei Burkhart Kroeber, dessen kaum gealterte Erstübersetzung unserer Neuübersetzung zugrunde liegt und der uns zudem hilfreiche Hinweise bei der Übersetzung gegeben hat. Danken möchten wir außerdem Emeline Fourment für die Unterstützung bei der Überprüfung der zum Teil wirklich sehr abseitigen von Hocquenghem zitierten Literatur sowie für ihren wertvollen Rat bei der Neuübersetzung; Timo Schröder von *texture*, der uns eingeladen hat, Hocquenghems Positionen im Rahmen eines Workshops in Berlin zu diskutieren, sowie allen Teilnehmer*innen dieses Workshops; Miri Hill und Karin Wördemann für die Unterstützung bei der Erstellung des Exposés; Katharina Fischer und ihren Kolleg*innen von der Staatsbibliothek zu Berlin; und schließlich in ganz besonderer Weise Stefan Ripplinger, der mit seiner unermüdlichen, vorbehaltlosen und enthusiastischen Unterstützung diesem Projekt über die gesamte Zeit zur Seite stand und uns stets ein wunderbarer Ansprechpartner gewesen ist.

Die Herausgeber, Hamburg im Sommer 2019

Literaturverzeichnis

Das homosexuelle Begehren:

Adler, Alfred: *Das Problem der Homosexualität und sexueller Perversionen. Erotisches Training und erotischer Rückzug*, Frankfurt/M.: S. Fischer, 1977 [1917].

A.G.: *La recrudescence des maladies vénériennes n'est pas particulière à la France*, in: Le Monde vom 24. Juli 1961.

Balzac, Honoré de: *Glanz und Elend der Kurtisanen*, Zweiter Teil, Zürich: Diogenes, 1977 [1847].

Canler, Louis: *Mémoires de Canler: Ancien chef du Service de Sûreté*, Bd. 2, Paris: F. Roy, 1882.

Code Pénal Belgique (belgisches Strafgesetzbuch).
- *Article 372bis* [Einzusehen unter: http://www.ejustice.just.fgov.be/eli/loi/1867/06/08/1867060850/justel].

Code Pénal France (französisches Strafgesetzbuch).
- *Loi No. 744 du 6 août 1942 modifiant l'article 334 du code pénal* [Gesetz Nr. 744 unter Philippe Pétain vom 6. August 1942 zur Ergänzung des §334 des Code Pénal (einzusehen bspw. in Grau, Lexikon zur Homosexuellenverfolgung, S. 95)].
- *Ordonnance No. 45-190 du 8 février 1945 (concernant la corruption des mineurs)* [Einzusehen im *Journal officiel de la République française* vom 9. Februar 1945, S. 650].
- *Ordonnance No. 60-1245 du 25 novembre 1960 (relative à la lutte contre le proxénétisme)* [Einzusehen im *Journal officiel de la République française* vom 27. November 1960, S. 10603].

Corrazé, Jacques: *Les dimensions de l'homosexualité*, Toulouse: Edouard Privat, 1969.

Cortes Generales: *Ley 16/1970, de 4 de agosto, sobre peligrosidad y rehabilitación social* [Einzusehen im *Boletín Oficial de Estado*, Nr. 187, S. 12551–12557].

Dannecker, Martin: *Der Homosexuelle und die Homosexualität. Mit einem Nachwort Aids und die Homosexuellen*, Frankfurt/M.: Syndikat, 1986 [1978].

Darien, Georges: *Der Dieb*, Berlin: Die andere Bibliothek, 1989 [1897].

Deleuze, Gilles/Guattari, Félix: *Anti-Ödipus. Kapitalismus und Schizophrenie I*, Frankfurt/M.: Suhrkamp, 1977.

Devereux, Georges: *Considérations ethno-psychanalytiques sur la notion de la parenté*, in: L'Homme: Revue française d'anthropologie, Bd. 5, Nr. 3/4, 1965, S. 224–247.

Dieckmann, Bernhard/Pescatore, François (Hg.): Elemente einer homosexuellen Kritik. Französische Texte 1971–1977, Berlin: Rosa Winkel, 1979.

Duffy, Clinton T./Hirshberg, Albert: *Sex and Crime*, New York: Doubleday, 1965.

Eck, Marcel: *Sodome. Essai sur l'homosexualité*, Paris: Fayard, 1966.

Ellis, Havelock: *Studies in the Psychology of Sex, Vol. II – Sexual Inversion*, 3. erw. u. überarb. Aufl., Philadelphia: F.A. Davis, 1915.

Escoffier-Lambiotte, Claudine: *Maladies vénériennes: une épidémie mondiale incontrôlable. Le développement constant de la syphilis et de la blennorragie*, in: Le Monde vom 5. Juli 1972.

Ferenczi, Sándor: *Über die Rolle der Homosexualität in der Pathogenese der Paranoia* [1911], in: Ders.: Schriften zur Psychoanalyse, Bd. I, hrsg. u. eingel. von Michael Balint, Frankfurt/M.: S. Fischer, 1970, S. 73–91.

– *Reizung der analen erogenen Zone als auslösende Ursache der Paranoia. Beitrag zum Thema: Homosexualität und Paranoia* [1911], in: Ders.: Bausteine zur Psychoanalyse. Bd. II: Praxis, 2. Aufl., Bern/Stuttgart: Huber, 1964, S. 281–286.

– *Zur Nosologie der männlichen Homosexualität (Homoerotik)* [1914], in: Ders.: Schriften zur Psychoanalyse, Bd. I, hrsg. u. eingel. von Michael Balint, Frankfurt/M.: S. Fischer, 1970, S. 184–197.

Foucault, Michel: Wahnsinn und Gesellschaft. Eine Geschichte des Wahns im Zeitalter der Vernunft. Frankfurt/M.: Suhrkamp, 1969 [1961].

Fourier, Charles: *Fausseté des amours civilisés* [1853–56], in: Ders: L'ordre subversif. Trois textes de Fourier sur la civilisation, hrsg. v. René Schérer, Paris: Aubier Montaigne, 1972, S. 191–215.

– *Égarement de la raison démontré par les ridicules des sciences incertaines* [1806], in: Ders: L'ordre subversif. Trois textes de Fourier sur la civilisation, hrsg. v. René Schérer, Paris: Aubier Montaigne, 1972, S. 45–190.

– *Ratschläge für die Zivilisierten, die baldige soziale Metamorphose betreffend* [1808], in: Ders.: Theorie der vier Bewegungen und der allgemeinen Bestimmungen, hrsg. v. Theodor W. Adorno, eingeleitet v. Elisabeth Lenk, Frankfurt/M.: EVA, 1966, S. 378–383.

France-Soir (Zeitung) vom 20. Juni 1972.

Freud, Sigmund: *Drei Abhandlungen zur Sexualtheorie* [1905], in: Ders.: *Gesammelte Werke*, London (Imago) [im folgenden abgekürzt FGW], Bd. 5, 4. Aufl., Frankfurt/M.: Fischer, 1968, S. 27–145.

– *Das ökonomische Problem des Masochismus* [1924], FGW 13, 1967, S. 369–383.

– *Das Unbehagen in der Kultur*, Stuttgart: Reclam, 2010 [1930].

– *Die Disposition zur Zwangsneurose. Ein Beitrag zum Problem der Neurosenwahl* [1911], FGW 8, 1955, S. 441–452.

– *Der Familienroman der Neurotiker* [1909], FGW 7, 1966, S. 227–231.

– *Eine Kindheitserinnerung des Leonardo da Vinci* [1910], FGW 8, 1955, S. 127–211.

- *Psychoanalytische Bemerkungen über einen autobiographisch beschriebenen Fall von Paranoia (Dementia paranoides)* [1911], FGW 8, 1955, S. 239–321.
- *»Selbstdarstellung«* [1924/25], FGW 14, 1955, S. 31–95.
- *Totem und Tabu. Über einige Übereinstimmungen im Seelenleben der Wilden und der Neurotiker*, Frankfurt/M.: S. Fischer, 1991 [1913].
- *Triebe und Triebschicksale* [1915], FGW 10, 1969, S. 210–232.
- *Über die Psychogenese eines Falles von weiblicher Homosexualität* [1920], FGW 12, 1966, S. 269–302.
- *Über einige neurotische Mechanismen bei Eifersucht, Paranoia und Homosexualität* [1922], FGW 13, 1967, S. 193–207.
- *Vorlesungen zur Einführung in die Psychoanalyse*, FGW 11, 1969 [1915–17].
- *Zur Einführung des Narzißmus* [1914], FGW 10, 1949, S. 138–170.

Front homosexuel d'action révolutionnaire (FHAR): *Rapport contre la normalité*, Paris: Ed. Champ libre, 1971.

- *Tout! ou rien?*, in: tout!, Nr. 13, 1971, S. 2.

Genet, Jean: *Miracle de la Rose* (Wunder der Rose), Hamburg: Merlin, 1969 [1946].

- *Entretien avec Madeleine Gobeil*, in: Ders.: L'ennemi déclaré, Paris: Gallimard, 1991, S. 11–27 [erstmals 1964 auf Englisch erschienen (in der April-Ausgabe des amerikanischen Playboy, Nr. 11, S. 45–53)].
- *Notre Dame des Fleurs*, Hamburg: Merlin, 1973 [1944].

Gide, André: *Corydon. Vier sokratische Dialoge*, Frankfurt/M.: Suhrkamp, 1966 [1924].

Giese, Hans: *Der homosexuelle Mann in der Welt*, 2., überarb. Aufl., Stuttgart: Enke, 1964 [1956].

Gillespie, William H.: *Homosexualité*, in: Revue française de psychanalyse, Nr. 4, 1965, S. 323–336.

Glazounov, Gabriel: *Révolutionnaires par la bande? Suffit-il de se faire sodomiser par un Arabe pour être Marxiste-léniniste?*, in: Politique Hebdo, Nr. 6 vom 9. Dezember 1971.

Greenson, Ralph R.: *Homosexualité et identité sexuelle*, in: Revue française de psychanalyse, Nr. 4, 1965, S. 343–348.

Hahn, Pierre: *Français encore un effort. L'homosexualité et sa répression. Choix de textes recueillis et présentés par Pierre Hahn*, Paris: Martineau, 1970.

Heuyer, Georges: *Les Troubles Mentaux: Étude criminologique*, Paris: P.U.F, 1968.

Hoffman, Martin: *Die Welt der Homosexuellen. Beschreibung einer diskriminierten Minderheit*, Frankfurt/M.: S. Fischer, 1971.

Horkheimer, Max/Adorno, Theodor W.: *Dialektik der Aufklärung. Philosophische Fragmente*, 19. Aufl., Frankfurt/M.: Suhrkamp, 2010 [1944].

Juquin, Pierre: *Interview*, in: Le Nouvel Observateur, Nr. 392 vom 15. Mai 1972.

Kinsey, Alfred C./Pomeroy, Wardell B./Martin, Clyde E.: *Das sexuelle Verhal-

ten des Mannes, Berlin/Frankfurt/M.: Fischer, 36.–50. Tausend, 1965 [1948].

Lamartine, Alphonse de: *L'Isolement*, in: Ders.: Œuvres de M. de Lamartine, Bd. I – Méditation I, Paris: Chez l'auteur, 1832.

Lautréamont, Comte de: *Die Gesänge des Maldoror* [1868], in: Ders.: Gesamtwerk, Heidelberg: Rothe, 1954.

Leroy, Roland: *L'ordre démocratique et révolutionnaire*, in: L'Humanité vom 5. Mai 1972.

Macé, Gustave: *Lundis en prison*, Paris: Charpentier, 6. Tausend, 1889 [1870].

Mallarmé, Stéphane: *Sämtliche Dichtungen*. Französisch und deutsch. Mit einer Auswahl poetologischer Schriften. München: dtv 1995.

Mann, Thomas: *Der Tod in Venedig*, In der Fassung der Großen kommentierten Frankfurter Ausgabe, 2. Aufl., Frankfurt/M.: S. Fischer, 2019.

Marx, Karl: *Zur Kritik der Hegelschen Rechtsphilosophie. Kritik des Hegelschen Staatsrechts* [1843/44], in: Ders./Engels, Friedrich: Werke, Bd. I, Berlin: Dietz, 1976, S. 203–333.

Mirguet, Paul: *Toutes mesures propres à lutter contre l'homosexualité* [Einzusehen im Journal officiel der Assemblée nationale, Nr. 51 (19. Juli 1960), S. 1981].

Moll, Albert: *Die konträre Sexualempfindung*, 2., vermehrte Aufl., Berlin: Fischer's Medicinische Buchhandlung, 1893.

Morali-Daninos, André: *Sociologie des relations sexuelles*, 5., aktual. Aufl., Paris: P.U.F., 1982 [1963].

Muldworf, Bernard: *Le métier de père*, 2. erw. Aufl., Paris: Casterman, 1972.

Musil, Robert: *Die Verwirrungen des Zöglings Törleß*, Reinbek bei Hamburg: Rowohlt, Sonderausgabe, 2002 [1906].

Nacht, Sacha: *Le masochisme*, in: Revue française de Psychanalyse, Nr. 2, 1938, S. 171–291.

Nemitz, Rolf: *La jouissance – die Lust jenseits des Lustprinzips, das sogenannte Genießen*, in: Lacan entziffern, 12. September 2017 [Einzusehen unter: https://lacan-entziffern.de/geniessen/jouissance-geniessen-lustbefriedigung/].

Newton, Huey P.: *A Letter from Huey Newton to the Revolutionary Brothers and Sisters About the Women's Liberation and Gay Liberation Movements*, in: The Black Panthers, Oakland, CA, 1970.

Ohne Autor*in: *Tout ou rien*, in: Lutte Ouvrière vom 4. Mai 1971.

Ohne Autor*in: *Le front rose se met au F.H.A.R. rouge*, in: Minute, Nr. 475 vom 19. Mai 1971.

Ohne Autor*in: *La Vérité sur l'homosexualité en France*, in: France Dimanche (sechsteilige Artikelserie, Nr. 1328–1333; wöchentlich vom 15. Februar 1972 bis 21. März 1972).

Ohne Autor*in: *En trois mois, plus de douze mille interpellations pour prostitution*, in: Le Monde vom 18. April 1972.

Ohne Autor*in: *M. Juquin: il ne faut pas confondre la drogue, la perversion sexuelle ou le vol avec des actions révolutionnaires*, in: Le Monde vom 17. Mai 1972.

Oraison, Marc: *Vie Chrétienne et Problèmes de la Sexualité*, Paris: P. Lethielleux, 1951.
- *Interview*, in: Le Nouvel Observateur, Nr. 226 vom 10. März 1969.
- *La Pastorale des homophiles*, in: Le Monde vom 14. April 1972.

Pasche, Francis: *Note sur la structure et l'étiologie de l'homosexualité masculine*, in: Revue française de psychanalyse, Nr. 4, 1965, S. 349–355.

Proust, Marcel: *Gegen Sainte-Beuve*, Frankfurter Ausgabe, Werke III, Bd. 3, Frankfurt/M.: Suhrkamp, 1997 [1954].
- *Der Weg nach Guermantes*, Bd. 3 der neuen Werkausgabe: Auf der Suche nach der verlorenen Zeit, Stuttgart: Reclam, 2017 [1920/21].
- *Im Schatten junger Mädchenblüte*, Bd. 2 der neuen Werkausgabe: Auf der Suche nach der verlorenen Zeit, Stuttgart: Reclam, 2014 [1919].
- *Sodom und Gomorra*, Bd. 7 der Werkausgabe: Auf der Suche nach der verlorenen Zeit, Frankfurt/M.: Suhrkamp, 1964 [1921/22].

Reich, Wilhelm: *Massenpsychologie des Faschismus*, Köln: Kiepenheuer & Witsch, 1971 [1933].
- *Die sexuelle Revolution. Zur charakterlichen Selbststeuerung des Menschen*, 7. Aufl., Frankfurt/M.: EVA, 1971 [1936].

Royer, Jean: *Tours, capitale de la censure*, in: Nouvel Observateur vom 13. Dezember 1971.

Sartre, Jean-Paul: *Saint-Genet, Komödiant und Märtyrer*, Reinbek bei Hamburg: Rowohlt, 1982 [1952].

Schérer, René: *A Propos Fourier: lutte de classes et lutte de civilisations*, in: Fourier, Charles: L'ordre subversif. Trois textes de Fourier sur la civilisation, hrsg. v. René Schérer, Paris: Aubier Montaigne, 1972 [hier zitiert nach dem Neuabdruck in: Fourier, Charles/Schérer, René: Charles Fourier ou la Contestation globale: Essai suivi d'une anthologie de textes, 3. Aufl., Biarritz: Séguier, 1996, S. 140–160].

Schreber, Daniel Paul: *Denkwürdigkeiten eines Nervenkranken*, 3. Aufl., Berlin: Kadmos, 2003 [1903].

Sólyom, László/Miller, Susan: *A differential conditioning procedure as the initial phase of the behavior therapy of homosexuality*, in: Behavior Research Therapy, Nr. 3, 1965, S. 147–160.

Stekel, Wilhelm: *Onanie und Homosexualität*, 2., verb. Aufl., Berlin/Wien: Urban & Schwarzenberg, 1921.
- *Die Impotenz des Mannes. Die psychischen Störungen der männlichen Sexualfunktion*, 2. Aufl., Berlin/Wien: Urban & Schwarzenberg, 1923.

T.F.: *Politique et Sexualité*, in: Le Monde vom 2. Juni 1972.

Tilmant, Capitaine: *Homosexualité et Délinquance*, in: Revue de la Gendarmerie (Bruxelles), Nr. 38, 1969, S. 31–33.

Touraine, Albert: *L'homosexualité masculine*, in: La Presse Médicale, Jg. 68, Nr. 28, 1960, S. 1107–1110.

West, Donald J.: *Homosexuality*, London: G. Duckworth, 1955.

Nachwort:

Adamczak, Bini: *Beziehungsweise Revolution. 1917, 1968 und kommende*, Frankfurt/M.: Suhrkamp, 2017.

Adorno, Theodor W.: *Thesen über Bedürfnis* [1942], in: Ders.: Gesammelte Schriften, Bd. 8, 3. Aufl., Frankfurt/M.: Suhrkamp, 1990, S. 392–396.

– *Aldous Huxley und die Utopie* [1951], in: Ders.: Gesammelte Schriften, Bd. 10.1, Frankfurt/M.: Suhrkamp, 1977, S. 97–122.

Amendt, Günther: *»Sexfront«. Revisited* [2005], in: Ders./Sigusch, Volkmar/Schmidt, Gunter (Hg.): Sex tells. Sexualforschung als Gesellschaftskritik, Hamburg: KVV konkret, 2011, S. 105–117.

– *Sexueller Missbrauch von Kindern. Zur Pädophilediskussion von 1980 bis heute*, in: Merkur, 64. Jg., H. 739, 2010, S. 1161–1172.

Arndt, Andreas: *Arbeit und Nicht-Arbeit*, in: Kolleg Praktische Philosophie, Bd. IV, hrsg. v. Franz-Josef Wetz, Stuttgart: Reclam, 2008, S. 89–115.

Butler, Judith: *Das Unbehagen der Geschlechter*, Frankfurt/M.: Suhrkamp, 1991.

– *Körper von Gewicht. Die diskursiven Grenzen von Geschlecht*, Frankfurt/M.: Suhrkamp, 1997.

Caserio, Robert L./Halberstam, Judith/Edelman, Lee/Dean, Tim/Muñoz, José E.: *The Antisocial Thesis in Queer Theory*, in: PMLA, 121. Jg., H. 3, 2006, S. 819–828.

Dannecker, Martin: *Der Homosexuelle und die Homosexualität. Mit einem Nachwort Aids und die Homosexuellen*, Frankfurt/M.: Syndikat, 1986 [1978].

Deleuze, Gilles/Guattari, Félix: *Anti-Ödipus. Kapitalismus und Schizophrenie* I, Frankfurt/M.: Suhrkamp, 1977.

Dieckmann, Bernhard/Pescatore, François (Hg.): *Elemente einer homosexuellen Kritik. Französische Texte 1971–1977*, Berlin: Rosa Winkel, 1979.

Idier, Antoine: *Les vies de Guy Hocquenghem. Politique, sexualité, culture*, Paris: Fayard, 2017.

– *La traduction énergumène* [Einzusehen unter: http://antoineidier.net/post/2019/06/04/La-traduction-énergumène], 2019.

– *L'écriture de l'»histoire gay«. Guy Hocquenghem et la déportation homosexuelle*, in: Boulligny, Arnaud (Hg.): Les homosexuelles en France: du bûcher aux camps de la mort [Einzusehen unter: https://halshs.archives-ouvertes.fr/halshs-01966710/document], 2018.

Graf, Thorsten/Steglitz, Mimi: *Homosexuellenunterdrückung in der bürgerlichen Gesellschaft*, in: PROKLA. Zeitschrift für Kritische Sozialwissenschaft, Bd. 4, Nr. 16, 1974, S. 17–50.

Grau, Günter: *Lexikon zur Homosexuellenverfolgung 1933–1945. Institutionen – Kompetenzen – Betätigungsfelder*, mit einem Beitrag von Rüdiger Lautmann, Berlin: LIT, 2011.

Halberstam, Judith: *The Anti-Social Turn in Queer Studies*, in: Graduate Journal of Social Sciences, Vol. 5, No. 2, 2008, 140–154.

Hennig, Jean-Luc/Hocquenghem, Guy: *Comment faire la peine aux philosophes*, in: Libération vom 27. Juni 1978.

Henze, Patrick: *Schwule Emanzipation und ihre Konflikte. Zur westdeutschen Schwulenbewegung der 1970er Jahre*, Berlin: Querverlag, 2019.

Herzog, Dagmar: *Cold War Freud. Psychoanalysis in an Age of Catastrophes*, Cambridge: Cambridge University Press, 2017.

Hocquenghem, Guy: *La révolution des homosexuels*, in: Nouvel Observateur vom 10. Januar 1972.

- *C'est personnel: tout le monde en discute*, in: tout!, Nr. 1, 1970, S. 8.
- *Die Geburt der Homosexualität. Teil 1: »Eine ganz zerbrechliche Schöpfung«*, in: Him Applaus, Nr. 4, 1979, S. 48–51.
- *Die Geburt der Homosexualität. Teil 3: Von den verrückten Jahren zur wissenschaftlichen Ausrottung*, in: Him Applaus, Nr. 6, 1979, S. 44–48.
- *Journal de rêve. Articles de presse (1970–1987)*, mit einem Vorwort von Antoine Idier, Paris: Gallimard, 2017.
- *L'Amphithéâtre des morts. Mémoires anticipées*, Paris: Gallimard, 1994.
- *Lettre ouverte à ceux qui sont passés du col Mao au Rotary*, Marseille: Agone, 2014 [1986].
- *Monsieur le Sexe und Madame la Mort* [1987], in: Phase 2, Nr. 54, 2017, S. 31–33.
- *Pédés: nettoyage par le vide*, in: Libération vom 31. März 1979.
- *Pompidou, nous ne serons pas tes familles!*, in: tout!, Nr. 5, 1970, S. 1.
- *Touche à mon pote!*, in: Gai Pied Hebdo, Nr. 163, 1985, o.S.

Hoffmann, Gerhard/Marwitz, Reinhard v.d./Runze, Dieter: *Wie können Tunten Sozialisten sein?*, in: PROKLA. Zeitschrift für Kritische Sozialwissenschaft, Bd. 5, Nr. 17/18, 1975, S. 57–94.

Holy, Michael: *Jenseits von Stonewall – Rückblicke auf die Schwulenbewegung in der BRD 1969–1980*, in: Pretzel, Andreas/Weiß, Volker (Hg.): Rosa Radikale. Die Schwulenbewegung der 1970er Jahre, Hamburg: Männerschwarm, 2012, S. 39–79.

Horkheimer, Max: *Materialismus und Metaphysik* [1933], in: Ders.: Traditionelle und kritische Theorie. Fünf Aufsätze, Frankfurt/M.: S. Fischer, 1992, S. 7–42.

Hutfless, Esther: *Queer [Theory]: Annäherungen an das Undarstellbare. Einleitung*, in: Dies./Zach, B. (Hg.): Queering Psychoanalysis. Psychoanalyse und Queer Theory – Transdisziplinäre Verschränkungen, Wien: Zaglossus, 2017, S. 33–47.

- *Die Zukunft einer Illusion: Eine queer-psychoanalytische Kritik am Identitätsdenken der Psychoanalyse*, in: Dies./Zach, Barbara (Hg.): Queering Psychoanalysis. Psychoanalyse und Queer Theory – Transdisziplinäre Verschränkungen, Wien: Zaglossus, 2017, S. 133–180.
- *Wider die Binarität – Psychoanalyse und Queer Theory*, in: Journal für Psychoanalyse, Nr. 57, 2016, S. 99–115.

Lacan, Jacques: *Das Seminar, Buch V, Die Bildung des Unbewussten*, Wien: Turia+Kant, 2006 [1958], S. 455–476.

- *Die Bedeutung des Phallus* [1958], in: Ders.: Schriften II, Wien: Turia+Kant, 2015, S. 192–204.

Laplanche, Jacques/Pontalis, Jean-Bertrand: *Das Vokabular der Psychoanalyse. Zweiter Band*, Frankfurt/M.: Suhrkamp, 1973 [1967].

Marcuse, Herbert: *Triebstruktur und Gesellschaft. Ein philosophischer Beitrag zu Sigmund Freud*, Frankfurt/M.: Suhrkamp, 1979 [1957].

Maurel, Christian: *Für den Arsch. Mit einem Essay von Peter Rehberg*, Berlin: August Verlag 2019.

Ohne Autor∗in: *Raskar Kapac*, Édito Nr. 4, [Einzusehen unter: https://raskarkapac.wordpress.com/2016/10/09/raskar-kapac-fricote-avec-guy-hocquenghem/], 2016.

Preis, Victoria: *Zur Konzeption der Sexualität in der Queeren Psychoanalyse. Eine Bestandsaufnahme*, in: Henze, Patrick/Lahl, Aaron/Preis, Victoria (Hg.): Psychoanalyse und männliche Homosexualität, Gießen: Psychosozial, 2019, S. 139–164.

Quindeau, Ilka: *Geschlechtervielfalt und polymorphes Begehren: Queere Perspektiven in der Psychoanalyse*, in: Hutfless, Esther/Zach, Barbara (Hg.): Queering Psychoanalysis. Psychoanalyse und Queer Theory – Transdisziplinäre Verschränkungen, Wien: Zaglossus, 2017, S. 181–210.

Rehberg, Peter: *Queer Affect Theory. Zum Verhältnis von Affekt und Trieb bei Sedgwick und Freud*, in: Zeitschrift für Medienwissenschaft, Jg. 9, Nr. 2, H. 17: Psychische Apparate, 2017, S. 63–71.

Sedgwick, Eve Kosofsky: *Anality: News from the Front*, in: Dies.: The Weather in Proust, hrsg. von J. Goldberg, Durham: Duke University Press, 2011, S. 166–182.

Sigusch, Volkmar: *Verkehrtherum leben* [1984], in: Ders./Günter Amendt/Gunter Schmidt (Hg.): Sex tells. Sexualforschung als Gesellschaftskritik, Hamburg: KVV konkret, 2011, S. 83.

Theweleit, Klaus: *Männerphantasien. 2: Männerkörper – zur Psychoanalyse des Weißen Terrors*, Frankfurt/M.: Roter Stern, 1978.

Voß, Heinz-Jürgen (Hg.): *Die Idee der Homosexualität musikalisieren. Zur Aktualität von Guy Hocquenghem*, Gießen: Psychosozial, 2018.

Wolf, Benedikt: *Penetrierte Männlichkeit. Sexualität und Poetik in deutschsprachigen Erzählungen der literarischen Moderne (1905–1969)*, Köln/Weimar: Böhlau, 2018.

– *Versuche über die Pubertät. Hans Henny Jahnn und Hubert Fichte mit Martin Dannecker gelesen*, in: Henze, P./Lahl, A./Preis, V. (Hg.): Psychoanalyse und männliche Homosexualität, Gießen: Psychosozial Verlag, 2019, S. 197–226.

Personenregister

Adler, Alfred C. 13, 61, 67, 91, 106-107
Balzac, Honoré de 34, 60
Bataille, Henry 75
Canler, Louis 65
Chenot, Bernard 37
Darien, Georges 78
De Gaulle, Charles 29
Deleuze, Gilles & **Guattari**, Félix 41, 43, 45, 56, 59, 66, 79, 90-91, 93-95, 123, 132-133, 135, 142, 145, 148
Devereux, Georges 94
Eck, Marcel 24
Ellis, Havelock 14, 33, 39
Ferenczi, Sándor 20-22, 25, 32, 76-77, 110-115
Fließ, Wilhelm 45, 47
Fourier, Charles 48, 131-132, 140, 144-145
Freud, Sigmund 18-20, 22-24, 43-49, 51-55, 57-58, 67, 70, 73, 82-89, 91-92, 95, 100-106, 108-110, 113, 115-118, 126-128, 131-132, 140, 144, 148
Genet, Jean 15, 25, 34, 49, 58-59, 66, 98, 112, 117, 135-136, 141
Gide, André 26, 67, 71
Giese, Hans 39
Gillespie, William H. 24, 47-48
Greenson, Ralph R. 80-81
Guérin, Daniel 130
Hesnard, Angelo 39
Heuyer, Georges 40
Hirschfeld, Magnus 51, 108, 112, 125-126
Hoffman, Martin 17
Juquin, Pierre 39
Kinsey, Alfred 14-15, 82

Krafft-Ebing, Richard von 47, 78, 111
Lacan, Jacques 53
Lautréamont, Comte de 36
Leonardo da Vinci 51-52, 55
Leroy, Roland 126, 130, 136
Macé, Gustave 35, 91
Mann, Thomas 58, 81, 90, 121
Marcuse, Herbert 32, 70
Marx, Karl 47, 142
Mirguet, Paul 30
Moll, Albert 78
Morali-Daninos, André 23
Muldworf, Bernard 49, 102
Musil, Robert 34, 45, 82, 115, 119, 121
Nacht, Sacha 116
Newton, Huey P. 143
Nietzsche, Friedrich 43
Oraison, Marc 25-26, 58
Pasche, Francis 60
Pétain, Philippe 28-29
Peyrefitte, Roger 63, 67
Proust, Marcel 59, 63-68, 71, 75, 105, 114, 121-122, 148
Reich, Wilhelm 126-129, 132
Roeder, Fritz Douglas 33
Rosenfeld, Herbert 24
Royer, Jean 30, 40
de Sade, Marquis 99
Sartre, Jean-Paul 15, 30, 49, 58, 64, 98, 105, 112, 117, 141
Schérer, René 131, 140, 144
Schreber, Daniel Paul 18-25, 57-59, 74-75, 77, 79, 84
Stekel, Wilhelm 23, 36, 49, 87
Tilmant [Polizeihauptmann] 31, 35
Touraine, Albert 37
West, Donald J. 38